Hans-Jürgen Fründt

# CITY|TRIP
# LÜBECK
## MIT TRAVEMÜNDE

## Nicht verpassen!

**2 Holstentor [C5]**
*Das* Wahrzeichen von Lübeck und wohl das meistfotografierte Motiv der ganzen Stadt – aber vor 150 Jahren wäre das berühmte Tor beinahe abgerissen worden. Im Inneren befindet sich eine interessante Ausstellung zur Stadtgeschichte (s. S. 63).

**4 Rathaus [D4]**
Das wunderbare Bauwerk fällt von außen durch seinen prächtigen Fassadenschmuck auf, im Inneren glänzt es mit reich geschmückten Versammlungssälen, in denen schon vor über 600 Jahren die Vertreter der Hanse Recht sprachen (s. S. 66).

**6 St. Marienkirche [D4]**
Die drittgrößte Kirche Deutschlands mit einem für damalige Verhältnisse beeindruckend hohen Deckengewölbe beherbergt im Inneren ein handwerkliches Kleinod: eine Astronomische Uhr (s. S. 70).

**8 Buddenbrookhaus [D4]**
Das prachtvolle Haus aus dem 18. Jahrhundert, das einst der Familie Mann gehörte, wurde in vielen Szenen des gleichnamigen Romans verewigt. Heute beherbergt es interessante Ausstellungen zum Roman und zur Familie Mann (s. S. 74).

**10 Engelsgrube und die Gänge [D3]**
Hinter vielen prächtigen Kaufmannshäusern öffnen sich schmale Gänge mit kleinen, gedrungenen Wohnhäusern. Die Gänge bei der Engelsgrube zählen zu den schönsten ihrer Art (s. S. 78).

**14 Heiligen-Geist-Hospital [E3]**
Eine der ältesten Sozialstationen Europas und zugleich eines der prächtigsten Gebäude der Stadt. Neben eindrucksvollem Wandschmuck im Inneren überraschen die engen Kojen der damaligen Bewohner (s. S. 82).

**17 Stiftungshöfe in der Glockengießerstraße [E4]**
Der Füchtingshof an der Glockengießerstraße gilt als größter und schönster Stiftungshof Lübecks und wird noch heute bewohnt (s. S. 87).

**21 Museumsquartier St. Annen [E6]**
Das einstige Kloster beherbergt heute ein beachtliches Museum für sakrale Kunst des Mittelalters und zu Lübecks Geschichte von der Hanse bis zur Gegenwart. (s. S. 91).

**29 Passat [dg]**
Der stolze Viermastgroßsegler fuhr früher als Frachtschiff um Kap Hoorn, heute liegt das Schiff als Wahrzeichen im Hafen von Travemünde (s. S. 104).

### Leichte Orientierung mit dem cleveren Nummernsystem
Die Sehenswürdigkeiten der Stadt sind zum schnellen Auffinden mit **fortlaufenden Nummern** versehen. Diese verweisen auf die ausführliche Beschreibung **im Kapitel „Lübeck entdecken"** und zeigen auch die genaue Lage **im Stadtplan**.

# CITY|TRIP
# LÜBECK
## MIT TRAVEMÜNDE

# Inhalt

◁ *Die Petrikirche* **㉓** *überragt*
*die Häuser in der Altstadt*

## Exkurse zwischendurch

## Praktische Reisetipps    111

## Anhang    131

## Vorwahlen

❯ **Vorwahl von Lübeck:** 0451
❯ **Vorwahl von Travemünde:** 04502
❯ **Vorwahl der Schweiz:** 0041
❯ **Vorwahl von Österreich:** 0043

▷ *Drachenfest*
*in Travemünde (s. S. 14)*

# Benutzungshinweise

## Orientierungssystem

Eine **Liste der im Buch beschriebenen Örtlichkeiten** wie Sehenswürdigkeiten, Restaurants, Hotels, Cafés, Infostellen befindet sich auf Seite 140.

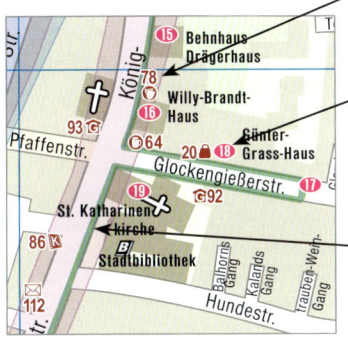

## Bewertung der Sehenswürdigkeiten

★★★ auf keinen Fall verpassen

★★ besonders sehenswert

★ wichtige Sehenswürdigkeit für speziell interessierte Besucher

Zur schnelleren Orientierung tragen alle Hauptsehenswürdigkeiten und Lokalitäten sowohl im Text als auch im Kartenmaterial die gleiche Nummer:

⟳78 Mit Symbol und fortlaufender Nummer werden die sonstigen Lokalitäten wie Cafés, Geschäfte, Hotels, Infostellen usw. gekennzeichnet.

⓲ Mit einer fortlaufenden magentafarbenen Nummer sind die Hauptsehenswürdigkeiten gekennzeichnet. Steht die Nummer im Fließtext, verweist sie auf die Beschreibung dieser Sehenswürdigkeit im Kapitel „Lübeck entdecken".

⟩ Die farbige Linie markiert den Verlauf des Stadtspaziergangs (s. S. 8).

[E4] In eckigen Klammern steht das Planquadrat im Kartenmaterial, in diesem Beispiel Planquadrat E4.

Ortsmarken ohne Angabe des Planquadrats liegen außerhalb unserer Karten. Sie können aber wie alle Örtlichkeiten in unseren speziellen Luftbildkarten auf der Produktseite dieses Buches unter www.reise-know-how.de oder direkt unter http://ct-luebeck14.reise-know-how.de lokalisiert werden.

086lk Abb.: LTM/K. E. Voegele

# Impressum

Hans-Jürgen Fründt

## CityTrip Lübeck mit Travemünde

erschienen im
REISE KNOW-HOW Verlag Peter Rump GmbH,
Osnabrücker Str. 79, 33649 Bielefeld

© REISE KNOW-HOW Verlag
Peter Rump GmbH 2012, 2013
**3., neu bearbeitete und komplett
aktualisierte Auflage 2014**
Alle Rechte vorbehalten.

**ISBN 978-3-8317-2504-5**
PRINTED IN GERMANY

Dieses Buch ist erhältlich in jeder Buch-
handlung Deutschlands, der Schweiz,
Österreichs, Belgiens und der Niederlande.
Bitte informieren Sie Ihren Buchhändler
über folgende Bezugsadressen:
Deutschland: Prolit GmbH, Postfach 9,
D-35461 Fernwald (Annerod)
sowie alle Barsortimente
Schweiz: AVA Verlagsauslieferung AG,
Postfach 27, CH-8910 Affoltern
Österreich: Mohr Morawa Buchvertrieb
GmbH, Sulzengasse 2, A-1230 Wien
Niederlande, Belgien: Willems
Adventure, www.willemsadventure.nl
Wer im Buchhandel kein Glück hat,
bekommt unsere Bücher auch über
unseren Büchershop im Internet:
**www.reise-know-how.de**

**Herausgeber:** Klaus Werner
**Lektorat und Layout:**
amundo media GmbH
**Karten:** Ingenieurbüro B. Spachmüller,
amundo media GmbH
**Druck und Bindung:** Media-Print, Paderborn
**Fotos:** siehe Bildnachweis S. 135
**Anzeigenvertrieb:** KV Kommunalverlag
GmbH & Co. KG, Alte Landstraße 23,
85521 Ottobrunn, Tel. 089 928096-0,
info@kommunal-verlag.de

Wir freuen uns über Kritik, Kommentare
und Verbesserungsvorschläge:
**info@reise-know-how.de**

## Aktuelle Informationen nach Redaktionsschluss

Unter **www.reise-know-how.de** werden
aktuelle Ergänzungen und Änderungen
der Autoren und Leser zum vorliegenden
Buch bereitgestellt. Sie sind auch in der
**Gratis-App** zum Buch abrufbar.

### www.reise-know-how.de

- Ergänzungen nach Redaktionsschluss
- kostenlose Zusatzinfos und Downloads
- das komplette Verlagsprogramm
- aktuelle Erscheinungstermine
- Newsletter abonnieren

**Verlagsshop mit Sonderangeboten**

# Auf ins Vergnügen

003lk Abb.: sm

# Lübeck an einem Wochenende

## 1. Tag: Stadtspaziergang

Die malerische Lübecker Altstadt lässt sich am ersten Tag auf einer **Erkundungstour zu Fuß** sehr gut kennenlernen. Starten sollte man am Wahrzeichen von Lübeck, dem mächtigen **Holstentor** ❷ an der Westseite der Altstadt. Für Besucher, die für den Spaziergang gerne geschichtliches Hintergrundwissen hätten, bietet sich das sehenswerte stadtgeschichtliche Museum im Torbau an.

Hinter dem Holstentor überquert man die Trave und gelangt somit in den Altstadtbereich. Rechter Hand liegen an der Trave mehrere Lokale mit großen Außenterrassen vor einem Ensemble malerischer Häuser, über deren Dächern der schlanke Turm der **St. Petrikirche** ❷❸ herausragt. Schräg links, in nordöstlicher Richtung, befindet sich hingegen der Kern der Altstadt. Dorthin gelangt man, indem man geradeaus der Holstenstraße [C5] folgt und dann nach links in die **Fußgängerstraße Breite Straße** [D4/5] einbiegt. Diese auch „Modemeile" genannte Hauptachse führt zunächst zum sehenswerten **Rathaus** ❹ mit dem **Rathausmarkt**. Vom Marktplatz aus bietet sich der beste Blick auf die eindrucksvolle Silhouette des Rathauses.

Nur wenige Schritte weiter auf der Breiten Straße erreicht man die **St. Marienkirche** ❻ mit ihren zwei mächtigen Türmen, die sich am höchsten Punkt der Altstadt in den Him-

mel recken – ein steinernes Symbol von einstiger Macht und Reichtum der Hansestadt. Abermals nur wenige Schritte weiter befindet sich das **Buddenbrookhaus** ❽ mit kunstvoller Fassade, in dem zwei Ausstellungen sowohl den Roman „Buddenbrooks" würdigen als auch die weit verzweigte Familie des Autors Thomas Mann. Jede einzelne Sehenswürdigkeit der letztgenannten Highlights ist es wert, für sich und in aller Ruhe besichtigt zu werden.

Wer die Breite Straße weiter in nördlicher Richtung entlangspaziert, steuert auf die **St. Jakobikirche** ❾ zu, die Kirche der Seefahrer. Genau gegenüber liegt das Traditionslokal Schiffergesellschaft (s. S. 22), das bei knurrendem Magen ein guter Pausenstopp wäre. Die Breite Straße mündet in einen größeren Platz, den Koberg [E3]. Dort steht das **Heiligen-Geist-Hospital** ❶❹, die älteste Sozialstation Europas, die an den fünf schlanken und sehr spitzen Türmen problemlos zu erkennen ist.

Von hier geht es zurück in südlicher Richtung, diesmal jedoch entlang der zweiten Lübecker Hauptstraße, der Königstraße [E3–D5]. An dieser Meile liegen mehrere interessante Museen, zunächst passiert man das **Museum Behnhaus Drägerhaus** ❶❺ mit einer wunderbaren Gemäldeausstellung, die in zwei Kaufmannshäusern mit klassizistischer Fassade untergebracht ist. Dann folgt das **Willy-Brandt-Haus** ❶❻, in dessen Räumen mittels Bildern, Filmen und Originaltönen des ehemaligen Bundeskanzlers gedacht wird. Unmittelbar danach zweigt links die **Glockengießerstraße** ab. Hier liegen zum einen das **Günter-Grass-Haus** ❶❽, das u. a. Plas-

◁ *Vorseite: Bei einer Schiffstour entlang der Obertrave erhält man einen guten Eindruck von der Altstadt*

08Blk Abb.: LTM/Uwe Freitag

tiken und Zeichnungen des Literatur-
nobelpreisträgers zeigt, zum anderen
wenige Schritte weiter auf der linken
Seite der Füchtingshof und der Glandorps Hof, zwei der schönsten **Stiftungshöfe** in Lübeck (siehe ⓱). Hier
befanden sich kleine Behausungen
für Witwen und Arme.

Zurück auf der Königstraße schlendert man an der **St. Katharinenkirche** ⓳ vorbei – hier kann man sogar
einen echten Tintoretto bewundern
– bis zur **Fleischhauerstraße** [E5].
In dieser Straße liegen viele kleine,
reizvolle Geschäfte, an denen entlang man bis zur Schlumacherstraße bummelt. Hier biegt man zweimal
direkt hintereinander nach rechts ab
und schlendert die Hüxstraße [D/E5]

wieder hoch. Auch in der Hüxstraße
findet man schöne Geschäfte mit lie-
bevoller Dekoration und abwechs-
lungsreichem Angebot, dort warten auch mehrere Lokale auf Kund-
schaft. An der Ecke Hüxstraße/Breite
Straße gegenüber dem Rathaus liegt
das berühmte **Café Niederegger** ❺.
Hier kann man sich mit edlem Marzipan eindecken oder im Café in der
oberen Etage bei einer kleinen Verschnaufpause die überaus schmack-
hafte Marzipan-Nuss-Torte probieren.

So gestärkt spaziert man weiter in
südlicher Richtung zum Dom ㉒. Dazu
geht man die Breite Straße bis zu deren Ende, dann weiter die Sandstraße [D5] und deren Verlängerung, die
Mühlenstraße, entlang, bis rechts die
kurze Straße mit dem prägnanten Namen Fegefeuer [D6] abzweigt. Diese

**Routenverlauf im Stadtplan**
Der hier beschriebene Spaziergang ist
mit einer grünen Linie im Stadtplan
eingezeichnet.

⌃ *Auch im Dunkeln beeindruckend:
das Lübecker Rathaus* ❹

führt direkt zum „Paradies" genannten Nordportal des sehenswerten **Doms.** Obwohl der Dom während der alliierten Bomberangriffe im 2. Weltkrieg schwer beschädigt wurde, weiß die Innenausstattung zu begeistern, ein Blick in den Dom lohnt sich allemal.

Vom Dom aus flaniert man durch die Straßen Parade [D6] und Pferdemarkt [D5/6] wieder nach Norden, biegt an der Marlesgrube [C/D5] nach links und kurze Zeit später nach rechts in die Straße Kleine Kiesau [C/D5]. Hier durchstreift der Besucher noch einmal **kleine Straßen mit malerischen Häusern** aus verschiedenen Jahrhunderten, deren Fassaden die unterschiedlichen Stilepochen repräsentieren. Schließlich erreicht man die sehr schmale und kurze Straße **Kolk**❷❺, in der das liebenswerte **TheaterFigurenMuseum** ❷❹ liegt. Hier lagern etwa 1000 Theaterpuppen aus drei Jahrhunderten!

Zum Schluss des Spaziergangs geht man die nette Stichstraße Kleine Petersgrube oder eine der Parallelgassen hinunter zur Trave, um auf der Terrasse eines der dort befindlichen Lokale eine wohlverdiente Stärkung zu sich zu nehmen.

## 2. Tag: Kultur und Strand

Am Vormittag böte sich eine vertiefende Prise Kultur an. Mehrere Ausstellungen liegen in oder nahe der Königstraße: **Willy-Brandt-Haus** ❶❻, **Günter-Grass-Haus** ❶❽ oder die tolle Gemäldesammlung im **Museum Behnhaus Drägerhaus** ❶❺. Wirklich lohnenswert ist auch eine Visite des **St.-Annen-Museums** und der **Kunsthalle St. Annen** ❷❶. In diesem Doppelmuseum begeistert einerseits die Ausstellung sakraler Kunst des Mittelalters mit einer einzigartigen

Sammlung von Schnitzaltären, andererseits der moderne Anbau, in dem Gegenwartskunst ausgestellt ist – ein spannendes Gegensatzpaar.

Zum Abschluss möchte ich allen Lübeck-Besuchern noch einen Abstecher nach **Travemünde** empfehlen, um sich ein wenig den Ostseewind um die Nase wehen zu lassen. Man gelangt zur Ostseeküste entweder mit der Bahn (stündliche Verbindungen) oder mit den Stadtbussen 30, 31 oder 40, die jeweils halbstündlich von der City hinüber nach Travemünde bis fast an den Strand fahren. Vielleicht ist das Wetter ja so gut, dass man sich sogar ein Weilchen am Strand sonnen kann. Ansonsten bieten sich ein Strandspaziergang und ein Bummel über die reizvolle **Promenade an der Vorderreihe** ❷❽ entlang der Trave mit ihren vielen Shops und Lokalen an. Und wer immer noch genug Entdecker-Energie verspürt, der besucht den beeindruckenden Vier-

△ *Ein historischer Badekarren am Strand von Travemünde*

008lk Abb.: sm

# Das gibt es nur in Lübeck

> **Bürger begrüßen singend den Mai:** *Alljährlich versammeln sich Hunderte von Lübecker Bürgern in der Nacht zum 1. Mai auf dem Marktplatz beim Rathaus ❹, um den Mai mit Gesang zu begrüßen. Dazu singen sie traditionell das vom Lübecker Emanuel Geibel getextete Lied „Der Mai ist gekommen" (s. S. 12).*

> **Mit der Bahn (fast) bis an den Strand:** *Ein Bahnhof, der in Sichtweite eines Strandes steht? In Travemünde ist das der Fall (s. S. 97). Und damit die Lübecker Ostseestrand-Besucher auch jederzeit wissen, wann sie nach Hause fahren können, wird noch heute die Abfahrtszeit des nächsten Zuges nach Lübeck riesengroß an der Außenwand des Bahnhofs angezeigt. Und zwar so groß, dass man es sogar vom Strand aus erkennen kann. (Das war in der Vergangenheit wohl tatsächlich gut möglich, bereitet heute aber doch einige Schwierigkeiten. Der Grund: eine zu dichte Bebauung. Aber weithin sichtbar ist die Abfahrtszeit immer noch.)*

> **Lübeck im Portemonnaie:** *Früher hatte jeder mal einen „Lübecker" in der Tasche, nämlich einen 50-Mark-Schein mit der Abbildung des Holstentores ❷. Heute, zu Euro-Zeiten, vielleicht wieder, denn erneut ist das Holstentor auf einer 2-Euro-Gedenkmünze abgebildet. Die hat nun zwar nicht jeder in der Tasche, aber einige sicherlich doch. Immerhin wurde diese Münze in einer Auflage von 32 Millionen Stück geprägt.*

> **Lokale als Sehenswürdigkeit:** *Sicherlich, auch andere Städte haben prächtige historische oder besonders schöne, ausgefallene und einmalige Einkehrmöglichkeiten, die als Sehenswürdigkeiten gelten. Aber Lübeck hat gleich mehrere davon, etwa den Ratskeller (s. S. 22) unterhalb des Rathauses mit verschwiegenen Nischen und prächtigen Schiffsmodellen. Oder die Schiffergesellschaft (s. S. 22), das Lokal der Bruderschaft der Seefahrer, mit einer einzigartigen Einrichtung aus langen Bankreihen und maritimem Dekor, ferner das Schabbelhaus (s. S. 25), in dem heute italienische Küche in historischem Ambiente serviert wird. Auch der Kartoffelkeller (s. S. 22) unter dem Heiligen-Geist-Hospital ⓮, ebenfalls in einem mittelalterlichen Gewölbekeller, ist sehenswert. Und am Café Niederegger ❺ mit seinem verführerischen Marzipan-Angebot kann sowieso niemand vorbeilaufen.*

> **Drei Nobelpreisträger:** *Welche Stadt kann schon von sich behaupten, im Leben dreier Nobelpreisträger eine entscheidende Rolle gespielt zu haben? Lübeck kann das: Willy Brandt und Thomas Mann wurden hier geboren und verbrachten auch ihre Jugendjahre in der Stadt. Günter Grass kam als 68-Jähriger nach Lübeck, wo er noch heute lebt. Und die Stadt ehrt Thomas Mann (siehe ❽), Günter Grass (siehe ⓲) und Willy Brandt (siehe ⓰) mit eigenen Ausstellungen, wobei alle drei Häuser praktischerweise sehr dicht beieinanderliegen.*

mastsegler **Passat** ㉙, der unübersehbar in der Trave ankert. Zurück nach Lübeck geht es wieder per Bahn oder Bus – oder sogar per Schiff, dies aber leider nur zu bestimmten Jahreszeiten.

# Zur richtigen Zeit am richtigen Ort

## Mai

> **Maisingen:** Traditionell versammeln sich Lübecker Bürger in der Nacht zum 1. Mai auf dem Rathausmarkt, um singend den Mai zu begrüßen. Schlag Mitternacht ertönt das Lied „Der Mai ist gekommen", verfasst vom Lübecker Lyriker Emanuel Geibel.

> Das **Brahms-Festival** wird von der Musikhochschule Lübeck veranstaltet (www.mh-luebeck.de).

☐ *Die Travemünder Woche zieht zahllose Besucher an*

> **Travemünde JAZZT:** Das internationale Jazzfestival findet zu Pfingsten statt.

> **Internationaler Hansetag:** 22.–25. Mai 2014. Der Geist der historischen Hanse soll mit umfangreichem Kulturprogramm an vielen Orten der Stadt wiederbelebt werden.

> **Anbaden:** In Travemünde wird die Badesaison in der meist noch recht kühlen Ostsee offiziell eröffnet.

## Juni

> **Shanty Festival Travemünde.** Findet am letzten Juniwochenende statt, etwa 30 Chöre treten auf fünf Bühnen auf.

## Juli

> **Sommerfest** in der schönen Lübecker Einkaufsstraße, der Hüxstraße, mit Musik und Tanz (www.die-huexstrasse.de)

> **Travemünder Woche:** Einwöchige Segelregatten auf dem Wasser und Party am Ufer der Trave und der Ostsee (www.travemuender-woche.com).

> **Windart Travemünde:** Von Mitte Juli bis Mitte September sind kunstvolle und

innovative Windspiele an verschiedenen Orten in Travemünde zu bestaunen.

› **Schleswig-Holstein Musik Festival:** Im ganzen Land werden zwischen Ende Juni und Anfang September Konzerte an meist ungewöhnlichen Orten dargeboten, z. B. Bauernhöfe, Ställe, aber auch Kirchen. Traditionell findet in Lübeck das Eröffnungs- oder das Schlusskonzert statt (www.shmf.de, s. u.).

› **Travemünder Promenadenfest:** Musik und Kleinkunst direkt an der Strandpromenade.

## August

› **Duckstein-Festival:** Am Ufer der Trave findet in der ersten Augusthälfte eine achttägige Party mit einer Mischung aus Kunst und Kultur statt (www.duckstein.de/duckstein-festivals).

› **Travemünder Fischerfest:** Am letzten Wochenende sorgen Shantychöre, Traditionssegler und Fischbrötchenstände im Fischereihafen für maritimes Flair.

› **Lübecker Museumsnacht:** Alle Lübecker Museen öffnen Ende August für eine Nacht ihre Pforten (www.die-luebecker-museen.de).

## September

› **Altstadtfest:** In Jahren mit gerader Jahreszahl wird die historische Lübecker Innenstadt etwa in der Monatsmitte für drei Tage zur Partymeile.

# Schleswig-Holstein Musik Festival

*In den Sommermonaten sind die Plakate und Fahnen mit dem geschwungenen SHMF-Logo unübersehbar. Anno 1985 gründeten acht Menschen mit Visionen einen Verein, dessen Ziel und Aufgabe es war, ein Musikfestival mit „Ambiente-Spielorten" im Land zwischen den Deichen zu etablieren. Nicht die großen Konzertsäle waren gefragt, sondern üblicherweise anderweitig genutzte Räumlichkeiten wie Kirchen, Herrenhäuser, Reitställe und einfache bäuerliche Scheunen. Eine Schnapsidee? Vielleicht, aber der Macher Justus Frantz ließ sich nicht beirren. Er schaffte es sogar, Leonard Bernstein in die Festivalplanung einzubinden, und der weltberühmte Dirigent lockte wiederum weitere Künstler und Zuschauer zum Festival.*

*1986 ging das erste Schleswig-Holstein Musik Festival über die Bühne. Tatsächlich kamen 100.000 Besucher, im dritten Jahr sogar 300.000,*

*später pendelten die Zahlen zwischen 100.000 und 200.000. An die 150 Konzerte finden nun in den Monaten Juli und August an ca. 80 Spielorten statt. Gefragt ist dabei nicht Größe, sondern Atmosphäre. Also findet ein Konzert eher auf der urigen Diele eines Bauernhofs als in der 10.000 Zuschauer fassenden Kieler Halle statt. Und diese Mischung zieht, die Besucher sind begeistert. Auch nachdem Justus Frantz im Streit die Intendanz abgegeben hatte, blieb die Grundausrichtung und damit die Atmosphäre des Festivals erhalten.*

› *SHMF Kartenzentrale, Postfach 3840, 24037 Kiel, Tel. 0431 2370, www.shmf.de. Kartenvorverkauf ab Frühjahr, Infomaterialien.*

› *Spielstätten in Lübeck: Dom ㉒, Musik- und Kongresshalle (s. S. 31), Musikhochschule (s. S. 30), Lehmannkai 2 (www.hans-lehmann.de/lehmannkai-2.html)*

010lk Abb.: sm

## Oktober

❯ **Drachenfest** in Travemünde: Anfang Oktober steigen teilweise unglaubliche und äußerst fantasievolle Drachen an der Strandpromenade in den herbstlichen Himmel.

## November

❯ **Nordische Filmtage:** Anfang November werden in Lübeck Spiel- und Kurzfilme sowie Dokumentationen aus dem nordeuropäischen Raum gezeigt (www.luebeck.de/filmtage). Hier zeigten viele später berühmt gewordene Regisseure ihre Erstlingswerke.

## Dezember

❯ **Weihnachtsmarkt** in der Altstadt, u. a. auf dem Marktplatz und der Breiten Straße [D4/5]. Besonders empfehlenswert ist der Kunsthandwerkermarkt im Heiligen-Geist-Hospital ⓮ (www.luebecker-weihnachtsmarkt.de).

## Lübeck für Citybummler

*Lübeck zu erkunden, macht Spaß! Spaß, weil die Altstadt überschaubar ist, weil man in Lübeck findet und gar nicht erst lange suchen muss. Denn es gibt buchstäblich an jeder Ecke etwas zu entdecken und damit sind nicht allein die klassischen Sehenswürdigkeiten gemeint. Man könnte auch verkürzt sagen, dass in Lübeck schon der Weg das Ziel ist.*

Besucher spazieren durch enge Gassen, bestaunen ein historisches Haus neben dem nächsten, rätseln über deren Alter. Ist es 300 Jahre alt? 400 Jahre sogar? Oder noch mehr? Und aus all dieser städtebaulichen Pracht ragen die sieben Kirchtürme (s. S. 39) wie lokale Wegweiser heraus. Und dann entdecken Citybummler ebenso zufällig wie zwangsläufig einen der vielen malerischen **Hinterhöfe oder schmalen Wohn-Gänge.** So um die 80 bis 90 gibt es noch. Eintreten soll übrigens überall erlaubt sein, aber eine verschlossene Pforte sollte schon respektiert werden, denn die kleinen Häuser sind begehrte Immobilien und werden auch heute noch bewohnt.

Lübecks Altstadt ist eine Zone von **überschaubarer Größe.** Die Sehenswürdigkeiten liegen sehr dicht beieinander, die Entfernungen sind kurz. Eben noch hat man das Rathaus ❹ bestaunt, nun schlendert man buchstäblich einmal um die Ecke und schon steht man vor der St. Marienkirche ❻, von der das Buddenbrookhaus ❽ nur einen Steinwurf weit entfernt ist. Und so geht es munter weiter. Damit wird auch deutlich, dass Lübeck **zu Fuß** erkundet werden sollte, zumal in der Altstadt ohnehin kaum Parkmöglichkeiten für Besucher existieren. Speziell in den engen Straßen der Altstadt dürfen ausschließlich Anwohner parken. Außerdem kann nur der müßiggängerische Fußgänger all die baulichen Schönheiten entdecken und auf sich wirken lassen. Viele Hinterhöfe und extrem schmale Wohngänge kann man ohnehin nur zu Fuß betreten.

Die Altstadt lässt sich also am besten schlendernd entdecken, wobei sich ein Citybummler sicher zunächst auf den **Hauptachsen** bewegt, also zwischen Holstentor ❷, Breiter Straße [D4/5], Rathaus ❹ und Buddenbrookhaus ❽. Dort wird man schon vieles entdecken, aber gerade in Lübeck lohnt es sich, ab und an die ausgetretenen Pfade zu verlassen. Überall stehen historische Häuser, öffnet sich überraschend ein schmaler

◁ *Stimmungsvolle Kulisse: Weihnachtsmarkt auf dem Marktplatz am Rathaus* ❹

Wohngang oder lockt ein zauberhafter Winkel mit einem liebevoll dekorierten Geschäft. Gerade diese **unbekannten Ecken** mit viel Charme liegen eher in den Randgebieten der Altstadt, beispielsweise im sogenannten „Malerviertel" An der Obertrave [C5/6] oder in den engen Gassen südlich der St. Petrikirche ㉓ bei der kurzen Straße mit dem genauso kurzen Namen „Kolk" ㉕. Oder auch auf der anderen Altstadtseite am oberen Ende der Straße An der Untertrave, wo zwei der schönsten Gänge Lübecks abzweigen: der Hellgrüne Gang und der Dunkelgrüne Gang (s. S. 79).

Aber eigentlich lohnt es sich überall, neugierig und im besten Sinne planlos drauflos zu schlendern. Denn: In Lübeck findet man, obwohl man gar nicht sucht!

# Lübeck für Kauflustige

## Einkaufszonen

Direkt in der Lübecker Altstadt konzentrieren sich eine ganze Reihe von bezaubernden, kleinen Geschäften auf relativ wenige Straßen. Kauflustige können so ganz entspannt von einem Shop zum nächsten schlendern und die ganze Bandbreite des Angebots auf sich wirken lassen. Hier einige herausragende **Shopping-Spots:**

> **Hüxstraße** [D/E5]: Gilt für viele als Lübecks schönste Einkaufsstraße mit einer Vielzahl von kleinen, interessanten Läden.

> **Fleischhauerstraße** [E5]: Ebenso attraktiv wie die Hüxstraße – mit der einzigen Einschränkung, dass sich hier etwas weniger Läden befinden. Diese sind aber genauso originell.

> **Breite Straße** [D4/5]: Diese Fußgängerstraße wird auch „Modemeile" genannt,

aber dort findet sich viel mehr als nur Bekleidungsgeschäfte. Hier sind auch Filialen großer Ketten angesiedelt.

> **Königstraße** [E3–D5]: Ist keine reine Einkaufsstraße, aber es gibt dort dennoch einige spannende Läden zu entdecken.

> **Mühlenstraße** [D5–E6]: Die relativ stark befahrene Straße ist von vielen kleinen Shops gesäumt.

🛍1 [D5] **Haerder-Center**, http://haerder-center.de, Mo.–Sa. 10–19 Uhr. Großes, modernes Shoppingcenter mit 40 Fachgeschäften, darunter bekannte Labels, und einigen Lokalen.

🛍2 [E4] **Königpassage**, Fleischhauerstraße, Ecke Königstraße, www.koenigpassage.com, Mo.–Sa. 8–20 Uhr. Sehr zentral gelegene, nicht zu große Einkaufspassage, in der etliche kleinere Geschäfte und einige Lokale zu finden sind.

## Ortstypische Produkte

### Marzipan

Lübeck und Marzipan, das gehört so unumstößlich zusammen, dass das Label „Lübecker Marzipan" nach einem Rechtsstreit nun auch **durch EU-Recht geschützt** ist, und zwar als Herkunftsbezeichnung für Marzipan aus Lübeck. Außerdem sind die einzelnen Lübecker Firmen eine Selbstverpflichtung eingegangen, nach der sie bestimmte **Qualitätsmerkmale** bindend akzeptieren. Lübecker Marzipan muss demnach eine bestimmte Mindestmenge Marzipanrohmasse (70 %) enthalten und nicht mehr als 30 % Zucker. Wo „Lübecker Marzipan" draufsteht, ist also auch Marzipan aus Lübeck drin.

Marzipan stammt ursprünglich nicht aus der Hansestadt. Lübecker Händler kamen der durchaus glaubhaften Legende nach in Venedig mit der süßen Köstlichkeit aus Mandeln und Zucker in Kontakt. Hanseatische

Kaufleute reisten im Mittelalter auch nach Venedig, eine der wichtigsten europäischen Handelsstädte der damaligen Zeit. Erste Proben des sogenannten *marci panis,* des „Markusbrots", wurden dann nach Lübeck verschifft. Bald versuchten die Lübecker selbst, diese Köstlichkeit herzustellen.

Da Marzipan auch **heilende Eigenschaften nachgesagt** wurde, durften lange Zeit nur die Apotheker, keine Händler oder Bäcker, die Leckerei herstellen. So steht es auch in der Lübecker Zunftrolle, die 1530 erstmals *martzapaen* erwähnt. Die Rohstoffe besorgten wiederum die Händler und so blieb es, bis Anfang des 19. Jahrhunderts der Zunftzwang fiel. Erst ab diesem Zeitpunkt begann die Marzipanherstellung in Lübeck im großen Stil. So gründete Johann Georg Niederegger 1806 das heute noch existierende Marzipan-Unternehmen, weitere große Firmen wurden in den folgenden Jahrzehnten gegründet. Heute gibt es in Lübeck mehrere, teilweise sehr große Marzipan-Firmen.

### Rotspon

Unter Rotspon wird ein Rotwein verstanden, der **ursprünglich aus dem Bordeaux** stammt, dann nach Lübeck transportiert wird (traditionell in Fässern auf Schiffen) und in den Kellern der Hansestadt bis zur Flaschenreife lagert. Als Anfang des 19. Jahrhunderts Lübeck von den Franzosen besetzt war, soll den Soldaten der Rotspon sogar besser gemundet

haben als der heimische Wein. Man vermutete schon bald, dass der Qualitätssprung an dem Transport und der längeren Lagerung in Eichenfässern lag. Lübecker Rotspon ist in vielen Geschäften der Altstadt erhältlich, natürlich auch in den meisten Weinhandlungen.

## Ausgewählte Shops

### Accessoires

🛒3 [E5] **Artemani,** Fleischhauerstr. 34, Tel. 4792441, www.artemani.de, Mo.–Fr. 11–19, Sa. 11–16 Uhr. Sehr schicke Produkte aus Glas, Schmuck und auch Gemälde.

🛒4 [E5] **Der Gürtelladen,** Fleischhauerstr. 52, Tel. 3969822, www.derguertelladen.de, Di. 14–18, Mi.–Sa. 10–18 Uhr. Außergewöhnliche Gürtelauswahl, beispielsweise Modetrends aus Italien, aber auch aus Eigenproduktion.

🛒5 [E5] **Kontor 54,** Hüxstr. 54, Tel. 3846022, www.kontor54.de, Mo.–Fr. 10–18, Sa. 10–16 Uhr. Individuelle Wohnaccessoires.

▷ *In der Buchhandlung Arno Adler lässt es sich herrlich stöbern*

🛒6 [E5] **Linea,** Fleischhauerstr. 42, Tel. 2969966, Mo.–Fr. 10–18.30, Sa. 10–16 Uhr. Skandinavische Wohnaccessoires, viele Stoffe, Kissen oder auch originelle Schürzen.

🛒7 [E5] **Scandinavian Living,** Hüxstr. 62, Tel. 88998020, geöffnet: Mo.–Fr. 10–18, Sa. 10–16 Uhr. Dekostoffe und Wohnaccessoires mit skandinavischem Touch.

### Bücher

🛒8 [E5] **Arno Adler,** Hüxstr. 55, Tel. 74466, Mo.–Fr. 10–18, Sa. 10–15 Uhr. Schöne alte Buchhandlung und Antiquariat mit hohen, gut gefüllten Regalen, viele Werke speziell zu Lübeck.

🛒9 [D5] **Hugendubel,** Königstraße 67a, Tel. 16025000, www.hugendubel.de, Mo.–Sa. 9.30–19 Uhr. Die Buchhandlung erstreckt sich über mehrere Etagen. Hier befindet sich auch eine Konzertkasse und ein kleines, gemütliches Café.

🛒10 [D4] **Langenkamp,** Beckergrube 19, Tel. 76479, Mo.–Fr. 9–18, Sa. 9–16 Uhr. Die kleine, nette, zentral gelegene Buchhandlung hat nicht nur die Bestseller im Angebot, hier wird der Kunde noch beraten. In den Regalen finden sich viele Titel zu Lübeck, außerdem gibt es eine eigene Kinder- und Jugendecke.

## Lübeck für Kauflustige

🛍11 [E5] **Makulatur,** Hüxstr. 87, Tel.
7079971, www.makulatur.com, Mo.–
Fr. 10–19, Sa. 10–16 Uhr. Bücher zu
Kunst- und Kulturgeschichte, zu Archi-
tektur, Mode und Design, außerdem
Modernes Antiquariat.

🛍12 [D4] **Pressezentrum,** Breite Straße 79,
Tel. 7996070, www.pressezentrum.de,
Mo.–Sa. 9.30–19 Uhr. Hier bekommt
man Bücher, Zeitschriften, CDs und auch
Tickets. Die Auswahl an deutschen und
internationalen Zeitungen ist groß.

### Kulinarisches

🛍13 [F4] **Amaro,** Glockengießerstraße 67,
Tel. 29630801, www.amaro-luebeck.de,
Mo.–Fr. 10–18, Sa. 10–14 Uhr. Hoch-
wertige Schokolade, dazu besondere
Kaffeeröstungen, feine Spirituosen und
passende Accessoires.

🛍14 [E5] **Bom Dia,** Hüxstr. 105,
Tel. 39689660, Mo.–Fr. 10–18.30,
Sa. 10–16 Uhr. Weine und Feinkost aus
Spanien und Portugal.

🔴5 [D5] **Café Niederegger,** Breite Straße
89, Tel. 5301126, www.niederegger.
de, Mo.–Fr. 9–19, Sa. 9–18, So. 10–18
Uhr. Bei diesem Café handelt es sich um
nichts Geringeres als eine Lübecker Insti-

tution. Unten wird das feine Niederegger-
Marzipan (ca. 300 Artikel) verkauft, oben
können die leckeren Marzipan-Nuss-Tor-
ten (oder natürlich auch andere Kuchen
und Torten) verköstigt werden.

🛍15 [C4] **H.F. von Melle,** Beckergrube 86,
Tel. 71050, www.von-melle.de, Mo.-Fr.
9–18, Sa. 9–13 Uhr. Die altehrwürdige
Weinhandlung (1853 gegründet) befindet sich in einem schicken historischen
Haus und führt ein breites Sortiment,
u. a. ist auch Rotspon erhältlich.

🛍16 [C4] **Marzipan-Speicher,** An der Untertrave 98, Tel. 8973939, www.marzipan
land.de, tgl. 10–18 Uhr. In einem historischen Speicherhaus wird Lübecker wie
auch Königsberger Marzipan verkauft.
Besucher können auch bei der Herstel-
lung zuschauen und sogar im Rahmen
der „Marzipan-Show" mitmachen, an
deren Ende jeder auch sein „Marzipan-
Abitur" bekommt. Showtime ist von März
bis Oktober Di., Mi., Do. um 11 und 14
Uhr. Im oberen Bereich des Hauses liegt
das Café, dort kann man sich die leckeren Marzipan-Torten munden lassen.

🛍17 [E5] **Nordisches Weinhaus,** Fleischhauerstr. 30, Tel. 72760, Mo.–Fr.
10–19, Sa. 10–16 Uhr. Große Auswahl
an Wein- und Käsespezialitäten, mit
Probiermöglichkeit.

🛍18 [C4] **Smokers Corner,** Beckergrube
80, Tel. 7063526, www.smokers-corner.
de, Mo.–Fr. 9.30–19, Sa. 9.30–14 Uhr.
Die weite Welt der Zigarren, u. a. auch
aus Kuba, außerdem edle Whisky- und
Rumsorten.

🛍19 [C4] **Tesdorpf,** Mengstraße 64, Tel.
799270, www.tesdorpf.de, Mo.–Fr.
10–19, Sa. 10–16 Uhr. Alteingesessene
Weinhandlung, die schon 1678 gegründet wurde, mit breiter Auswahl (auch
Rotspon) und einem speziellen Angebot
an Bordeaux-Weinen.

🛍20 [E4] **Wein Castell,** Glockengießerstraße 19, www.weincastell-luebeck.de,
Tel. 793679, Di.–Fr. 12–19, Sa. 11–14

---

**EXTRATIPP**

### Shop-Stop

Geschäfte, die Möglichkeiten zum
Ausspannen haben:

> Sehr entspannt sitzt man im **Café
Niederegger** 🔴5.

> Auch der **Marzipan-Speicher**
(s. S. 18) verfügt über ein eigenes
Café im oberen Bereich.

> Sowohl in der **Königpassage** als
auch im **Haerder-Center** (s. S. 16)
bieten mehrere Lokale die Gelegenheit für eine kleine Pause.

> Auch in der **Buchhandel Hugen-
dubel** (s. S. 17) bietet sich die
Gelegenheit für einen Kaffee.

Uhr. Das kleine Weingeschäft mit Probiermöglichkeit liegt unmittelbar neben dem Günter-Grass-Haus und verkauft folgerichtig auch Weine mit exklusiv von Günter Grass entworfenen Etiketten. Darüber hinaus finden sich rund 250 weitere Weine im Angebot.

**21** [D5] **Weinhandlung Roeper,** Hüxstr. 24, Tel. 73454, Mo.–Fr. 9.30–18.15, Sa. 10–15 Uhr. Weinfachhandel mit breiter Auswahl, hier wird auch Rotspon verkauft.

## Mode

**22** [E5] **Graciella,** Hüxstr. 89, Tel. 7072985, Mo.–Fr. 10–18.30, Sa. 10–16 Uhr. Der Laden bietet exklusive Damenschuhe.

**23** [E5] **Henriette K.,** Hüxstr. 45, Tel. 71030, www.henriette-k.de, Mo.–Fr. 10–19, Sa. 11–17 Uhr. Designermode für Business und Alltag.

**24** [D5] **Lille Kids,** Hüxstraße 15, Tel. 70980074, Mo.–Fr. 10–19, Sa. 10–16 Uhr. Kleiner Laden mit dänischer Kindermode.

**25** [E5] **Noël,** Fleischhauerstr. 60, Tel. 72033, Mo.–Fr. 11–18, Sa. 11–14 Uhr.

Achtung Schnäppchenjägerinnen: Hier gibts Second-Hand-Mode für Damen.

**26** [E5] **Roberta Schuhe,** Hüxstr. 31, Tel. 7098114, Mo. 11–18, Di.–Fr. 10–18, Sa. 11–14 Uhr. Exklusive Damenschuhe aus Italien, außerdem Taschen und Accessoires.

## Schmuck

**27** [E5] **Aura Unikatschmuck,** Hüxstr. 32, www.aura-unikatschmuck. de, Tel. 7063874, Do./Fr. 10–18, Sa. 10–14 Uhr. Werkstatt für und Verkauf von individuellen Schmuckstücken.

**28** [E5] **Glücksfieber – der Perlenladen,** Fleischhauerstr. 43, Tel. 4799850, Mo.–Fr. 11–18, Sa. 10–16.30 Uhr. Kunden können aus einer Vielzahl von Perlen auswählen und sich ihren Schmuck individuell zusammenstellen.

**29** [E5] **Panzerknacker,** Fleischhauerstr. 56, Tel. 75429, www.panzerknacker-luebeck.de, Mo.–Fr. 9.30–18.30, Sa.

☑ *Der Lübecker Marzipan-Speicher befindet sich in einem historischen Speicherhaus*

012lK Abb.: sm

9.30–16 Uhr. Zwei Goldschmiedemeister fertigen individuelle Schmuckstücke, besonders auch Hochzeitsringe.

### Sonstiges

🏠**30** [D5] **Altstadttöpferei**, Aegidienstraße 23, Tel. 7037947, Di.–Fr. 10–18.30, Sa. 10–15 Uhr. Schöne Gebrauchskeramik direkt aus der Werkstatt.

🏠**31** [D5] **Klassik Kontor**, Königstr. 115, Tel. 705976, www.klassikkontor.de, Mo.–Fr. 10–18, Sa. 10–15 Uhr. Kleiner Musikshop, in dem hauptsächlich klassische Musik verkauft wird, aber auch Jazz, Weltmusik, Musik für Kinder, Hörbücher und DVDs.

🏠**32** [D4] **Löwen-Apotheke**, Dr.-Julius-Leber-Straße 13, Tel. 75470, www.loewen-apotheke-luebeck.de, Mo.–Fr. 8.30–18.30, Sa. 10–16 Uhr. Seit 1812 wird in diesem 800 Jahre alten Backsteingebäude eine Apotheke in mittlerweile vierter Generation betrieben. Pillen, Salben, Aromamischungen und Kosmetika, u. a. aus der eigenen „Löwenmanufactur", werden in wunderbar historischem Interieur verkauft. Außerdem gibt es den eigenen Beauty-Store „Löwenschön".

### Souvenirs

🏠**33** [D4] **Lübeckladen**, Breite Straße 62, Tel. 3080247, Mo.–Fr. 10–18.30, Sa. 10–18 Uhr. Tolle Lage in der Fußgängerzone unter den Arkaden des Rathauses. Hier gibt es typische Lübeck-Andenken, aber auch mit feinsten Gravuren versehene Gläser.

### Wochenmarkt

🏠**34** [D5] **Wochenmarkt am Marktplatz**, Am Markt, Mo. und Do. 10.30–19 Uhr. Angeboten werden u. a. Obst, Gemüse, Fleisch, Käse, Wurst, Backwaren und Blumen, vielfach Produkte direkt aus der Region, die von regionalen Händlern angeboten werden.

# Lübeck für Genießer

*Die gesamte Bandbreite ist abgedeckt: Von der einfachen Döner-Bude bis zum Sterne-Lokal bietet Lübeck die volle Bandbreite. Wer möchte, findet in der Hansestadt neben Traditionshäusern innovative Küchenangebote, vor allem aber Lokale mit einer bodenständigen Küche zu fairen Preisen.*

## Essen und Trinken

Typische kulinarische Spezialitäten sind das schon im Kapitel „Lübeck für Kauflustige" vorgestellte Lübecker Marzipan und der Rotwein „Rotspon". Daneben finden Hungrige auch heute noch auf den Speisekarten etlicher Lübecker Restaurants ein Gericht namens „**Lübecker National**". Dahinter verbirgt sich ein deftiger Steckrübeneintopf mit Schweinefleisch, Kartoffeln und Wurzelgemüse. Manche Köche bereiten dieses Gericht auch mit Mohrrüben zu. Ansonsten werden in Lübeck natürlich auch **typisch norddeutsche Spezialitäten** serviert.

### Speisen

❯ Da wäre zunächst einmal **Fisch** zu nennen. Seezunge, Scholle, Aal, Makrele und Hering bekommt man wohl überall, mitunter auch Felchen. Fisch wird gebraten, gedünstet, gekocht oder auch geräuchert serviert, soweit nichts Neues. Aber da taucht auch schon eine Besonderheit auf. Was verbirgt sich hinter dem Begriff **Grüner Aal**? Nichts weiter als in Wasser und Wein gekochter Aal.

▷ *Der Klassiker: Marzipan-Nuss-Torte – ein „Muss" in Lübeck!*

> **Labskaus** ist für viele eine undefinierbare, rote Pampe. Die Bestandteile sind Pökelfleisch vom Rind oder Schwein, Gurken, Matjesfilets, Rote Beete (daher die Farbe) und Kartoffeln. Alles wird gut vermischt und mit einem Spiegelei garniert. Und es schmeckt wahrlich besser, als es aussieht.

> Das klassische **Bauernfrühstück** besteht aus Kartoffeln, Zwiebeln, Schinkenspeck. Das Ganze wird wie ein Omelett gebacken und mit Gurken drapiert.

> Im Winter wird überall **Grünkohl** serviert, ebenfalls ein sehr sättigendes Mahl. Der Grünkohl wird mit Kartoffeln, Schweinebacke, Kochwurst und/oder Kassler verfeinert.

> Im Herbst kommen **Wildgerichte** auf den Teller, auch diese Spezialität gerne zur rechten Jahreszeit angeboten.

> **Rübenmus** wird ebenfalls bevorzugt im Herbst verspeist, wenn die Rüben frisch geerntet sind. Man zerkleinert zunächst Steckrüben, lässt sie lange garen, kocht dann Möhren (oder auch Kartoffeln) und zerstampft das ganze Gemüse schließlich in einem Topf. Serviert wird das Rübenmus mit Kochwurst.

> In der Sommerzeit dagegen wird gerne **Rote Grütze** angeboten, ein leckerer Nachtisch aus eingekochten Himbeeren, Johannisbeeren oder Kirschen mit Milch oder Vanillesauce.

> Wer im Frühsommer kommt, sollte **Spargel** mit Katenschinken probieren, dazu ein paar Salzkartoffeln – köstlich!

## Getränke

> Das früher von einer in Lübeck ansässigen Brauerei hergestellte **Lübecker Bier** („Lück") gibt es nicht mehr, aber in den Lokalen Im Alten Zolln (s. S. 28) und Brauberger (s. S. 28) wird noch eigenes Bier gebraut.

> **Köm:** Ein Schnaps, konkret ein Korn oder, ganz genau betrachtet, ein Kümmelschnaps

> **Lütt un Lütt:** Darunter versteht man ein kleines (plattdeutsch: *lüttes*) Glas Bier samt einem *lütten* Korn.

> **Kalter Kaffee:** Mischgetränk aus Cola und gelber Brause

> **Alsterwasser:** Mischgetränk aus Bier und weißer Brause

> **Grog:** Diese Mischung aus heißem Wasser, Rum und Zucker (Kneipenschnack: „Rum muss, Wasser darf, Zucker kann") wird in der kalten Jahreszeit serviert. Ein „steifer Grog" hat besonders viel Rum.

> **Eisbrecher:** Dies ist sozusagen die verschärfte Variante des Grog, denn statt Wasser wird Wein genommen.

014ik Abb.: sm

## Empfehlenswerte Lokale

Da Lübeck von unzähligen Tagesgästen besucht wird, öffnen die meisten Lokale schon zur Mittagszeit und nicht wenige bieten durchgehend warme Küche. Teure Restaurants sind selten, aber es gibt sie genauso wie Gastronomiebetriebe, die sich gezielt vom Mainstream abheben wollen, z.B. das Piazza Pipistrello (s. S. 23).

### Regionale Küche

**35** [D7] **Alte Mühle** €–€€, Mühlendamm 24, Tel. 7072592, www.altemühle-lübeck.de, Mo.–Do. ab 17, Fr.–So. ab 15 Uhr. Das urige Gebäude liegt vor einer Grünanlage und bietet eine kleine Terrasse an einem rauschenden Bach. Die Spezialität des Hauses sind Flammkuchen. Es gibt eine breite Weinauswahl und regionale Speisen.

**36** [D3] **Das kleine Restaurant** €€, An der Untertrave 39, Tel. 705959, www.daskleinerestaurantluebeck.de, Di.–Sa. 18–23.30 Uhr. Das Lokal liegt in einem schönen Treppengiebelhaus aus dem 16. Jh. Gekocht werden regionale Gerichte nach saisonalem Angebot, außerdem kann man ein spezielles 10-Gänge-Überraschungsmenü ordern.

**37** [C5] **Lübecker Hanse** €€, Kolk 3–7, Tel. 78054, www.luebecker-hanse.com, Di.–Fr. ab 17, Sa./So. ab 12 Uhr. Saisonale Küche mit Fischgerichten, Lamm, Wild und Geflügel aus der Region, serviert in einem 400 Jahre alten Haus, das liebevoll eingerichtet ist.

**38** [D5] **Lokal,** Mühlenstr. 10, Tel. 70786931, www.lokal-luebeck.de, Mo.–Mi. 8–19, Do.–Sa. 10–22 Uhr. Eine Mischung aus Ladengeschäft und Bistro, angeboten werden ausschließlich lokale Produkte und Gerichte. Überschaubare Karte, auch einige vegetarische Speisen.

**39** [E5] **Schlumacher's** €€, Schlumacherstraße 4, www.schlumachers.de, Tel. 7075566, So.–Fr. 17–23, Sa. 11.30–23 Uhr. Traditionelle deutsche Küche, aber auch Pasta, die aus einer kleinen Nudelfabrik im Kreis Stormarn bezogen und mit fernöstlichem Touch zubereitet wird. Salate, Flammkuchen, Fisch- und Fleischgerichte reicht das nette Serviceteam in stilvoll-historischem Ambiente.

### Traditionsrestaurants

**40** [E3] **Lübecker Kartoffelkeller** €–€€, Koberg 6–8, Tel. 76234, www.kartoffelkeller.de, tgl. 11.30–22 Uhr. Hier dreht sich alles um die Kartoffel in allen denkbaren Varianten. Gespeist wird im mittelalterlichen Gewölbekeller unter dem Heiligen-Geist-Hospital ⑭. Zu bestimmten Terminen tischt die Crew das „Lübsche Gelage" in historischer Tracht auf.

**41** [D4] **Ratskeller** €€, Am Markt 13, Tel. 72044, www.ratskeller-zu-luebeck.de, tgl. 11.30–22.30 Uhr. Das Lokal liegt zentral am Marktplatz beim Rathaus ❹. Draußen befindet sich eine größere Terrasse, aber ausnahmsweise sollte man sogar bei Sonnenschein die Räumlichkeiten aufsuchen, denn das Lokal liegt in einem urigen, verwinkelten Gewölbe, das aus allen Poren Historie atmet. Der Gewölbekeller existiert seit dem 13. Jh., als hier noch Wein gelagert wurde. Viele Tische sind in kleine Nischen eingelassen, man kann sich lebhaft vorstellen, wie hier in früheren Zeiten Senatoren und Kaufleute gekungelt haben. Die Speisekarte bietet norddeutsche Küche.

**42** [E3] **Schiffergesellschaft** €€, Breite Straße 2, www.schiffergesellschaft.com, Tel. 76776, tgl. 10–1 Uhr. Das Traditionslokal hat eine einzigartige Atmosphäre: Schiffsmodelle hängen von der Decke, man speist an langen Eichentischen, angeboten werden regionale und saisonale Gerichte. Das ganze Restaurant strahlt hanseatische Historie aus.

## Internationale Küche

**43** [E5] **Hieronymus** €, Fleischhauerstraße 81, www.hieronymus-luebeck.de, Tel. 7063017, täglich ab 12 Uhr. Deutsche und internationale Küche, auch vegetarische Speisen in historischem Haus mit sehr urigem Ambiente.

**44** [D4] **Merhaba** €, Schüsselbuden 18, Tel. 2095181, www.merhaba-luebeck. de, Mo.–Fr. 12–15 und ab 17, Sa. ab 13, So. ab 17 Uhr, Küche bis 23 Uhr. Türkische Küche in elegantem Ambiente. Unter der Woche gibt es auch ein Mittagsbuffet zum Festpreis.

**45** [E7] **Quepasa** €, Mühlenbrücke 17, Tel. 72999, tgl. ab 17 Uhr. Mischung aus Bar und Bistro im Stil einer mexikanischen Cantina. Neben coolen Drinks gibts auch Tapas, Pizza, Salate, mexikanische Speisen und mexikanisches Corona-Bier.

**46** [E5] **Sherry & Port** €€, Fleischhauerstr. 90, Tel. 706774, www.sherryundport.de, Mo.–Sa. ab 19 Uhr. Kleine spanische Tapasbar, in der es klassische Tapas und andere spanische Gerichte gibt. Mitunter wird auch Livemusik geboten.

**47** [E5] **Vai** €€–€€€, Hüxstr. 42, Tel. 4008083, www.restaurant-vai.de, Mo.–Sa. 12–22 Uhr, Mittagstisch 12–16 Uhr. Das Lokal fällt auf! Äußerst stylish, aber insgesamt stimmig eingerichtet, außerdem gibt es einen netten Innenhof. Das Vai serviert Gerichte, die vom Herkömmlichen abweichen, es werden aber auch klassische Menüs angeboten.

066ik Abb.: sm

## Italienisch

**48** [C4] **Piazza Pipistrello** €€, Beckergrube 88, http://piazza-pipistrello.eu, Tel. 6191053, Di.–So. 12–15 u. 18–22 Uhr. Das Konzept zielt über ein Restaurant hinaus. Die Betreiber haben einen kleinen italienischen Marktplatz geschaffen, wo es auch etwas zu Essen gibt, und zwar „ausschließlich nach historischen Rezepten der Region Kampanien gekocht". Außerdem können Gäste sich über den zum UNESCO-Weltkulturerbe gehörenden Nationalpark Cilento i Vallo di Diano (Italien) informieren. Nicht zuletzt kann man hier ausgesuchte italienische Feinkostwaren erwerben.

**49** [C5] **Pizza San Remo** €–€€, An der Obertrave 10, www.san-remo-luebeck. de, Tel. 7079460, tgl. 12–20 Uhr, im Winter Di.–Do. 17–22, Fr.–So. 12–22 Uhr. Pizza und Pasta, die auch auf der Terrasse an der Trave serviert werden.

## Preiskategorien Lokale

| | |
|---|---|
| € | bis 15 € |
| €€ | 15–30 € |
| €€€ | über 30 € |

(mittlerer Preis für ein Hauptgericht)

⌃ *Das gemütliche Café Calma (s. S. 25)*

# In der „Schiffergesellschaft"

Das **historische Lokal** namens „Schiffergesellschaft" ist eine Sehenswürdigkeit an sich. Schiffergesellschaften gab es in vielen Hafenstädten, jene in Lübeck wurde 1401 gegründet. Es war eine Bruderschaft „zu Hilfe und Trost der Lebenden und Toten und aller, die ihren ehrlichen Unterhalt in der Schifffahrt suchen", wie es in der Gründungsurkunde heißt. 1535 kauften die Kapitäne das Haus gegenüber der St. Jakobikirche ❾ und richteten hier ihren Sitzungssaal ein. Auffällig ist der hoch aufragende Treppengiebel, der, 1880 und 1982 renoviert, in seiner ursprünglichen Form nicht mehr erhalten ist.

Herzstück des Lokals ist die **historische Halle**. Hier hockt man genau wie früher auf langen Bankreihen aus Eichenplanken mit durchgehenden Tischen. Die Enden schmücken noch immer die Wappen der Seefahrer, die mit ihren Koggen durch die Ostsee segelten. Da gab es die „Bergenfahrer", die „Visbyfahrer", die „Revalfahrer" und auch andere, die in ihren jeweiligen Gruppen zusammensaßen. Etwas erhöht im Hintergrund saßen die „Älterleute", die von dort aus die Versammlungen leiteten.

Viele Erinnerungsstücke, die die Seeleute von ihren Fahrten mitbrachten, schmücken heute den Raum. Von der Decke hängen etliche, sehr schöne **Schiffsmodelle**, das älteste wird auf 1607 datiert. Eine gemütliche Atmosphäre verbreitet auch der große, 431 Pfund schwere **Kronleuchter** aus dem Jahr 1655 mit seinen Kerzen, die am Abend entzündet werden. Die Mitglieder der Schiffergesellschaft treffen sich noch immer jeden ersten Dienstag im Monat. Mitglied kann übrigens nur werden, wer in Lübeck oder in der Nähe wohnt und das Patent „Kapitän auf Großer Fahrt" besitzt.

Das Lokal verfügt neben der historischen Halle noch über weitere Räume wie den „Kapitänssalon" oder den „Gotteskeller" und serviert gehobene regionale Küche.

015lk Abb.: sm

🛈**50** [C4] **Roberto Rossi im Schabbelhaus** €€€, Mengstr. 48, Tel. 72011, www.schabbelhaus.de, Mo.–Sa. 12–14.30, 18–23 Uhr. Saisonale italienische Menüs werden in feinem historischen Ambiente serviert. Im Sommer ist der schöne Gastgarten geöffnet.

🛈**51** [F4] **Seaside** €, Kanalstr. 78, Tel. 3845161, www.ristorante-seaside.de, tgl. 12–23 Uhr. Die klassische italienische Pizzeria serviert Pizza, Pasta oder Frutti di Mare auf einem Schiff! Bei gutem Wetter sitzt man oben an Deck unter freiem Himmel und hat einen tollen Blick auf die Stadt.

## Weinlokale

🍷**52** [E5] **Miera's Weinbar** €€, Hüxstr. 57–61, Tel. 77212, www.miera-luebeck.de, Mo.–Sa. 9.30–24 Uhr. Gute Bistroküche mit Salaten, Pasta und einigen Hauptgerichten, also eher für den kleinen Hunger. Im oberen Bereich gibt es ein Feinkostrestaurant, in dem 3-, 4- und 5-Gänge-Menüs serviert werden. Insgesamt ein stilvolles Ambiente. Mit Ladenverkauf.

🍷**53** [E5] **Weintreff von Melle** €€, Fleischhauerstr. 33, Tel. 75654, www.von-melle.de, Mo.–Sa. 10–21 Uhr. Hierbei handelt es sich um die kleine Filiale der bekannten Lübecker Weinhandlung, deren Haupthaus in der Beckergrube 86 steht. Sie befindet sich nahe der zentral gelegenen Königspassage und ist daher ein guter Pausenstopp. Mit Raucherzone.

## Cafés und Bistros

☕**54** [D6] **Café Art**, Kapitelstr. 4–8, Tel. 78181, www.cafe-art.eu, So.–Mi. 9–24, Do. 9–1, Fr./Sa. 9–2 Uhr. Kleines, schickes, in einem historischen Giebelhaus mit gemütlichem Garten gelegenes Café mit Raucherbereich. Frühstück bis 15 Uhr, an Neujahr sogar bis 18 Uhr, außerdem regelmäßig wechselnde Ausstellungen regionaler Künstler und Sportübertragungen. WLAN.

☕**55** [E5] **Café Calma**, Hüxstr. 67, Tel. 72729, Mo.–Sa. 9–24, So. 9–22 Uhr. Sehr gemütliches Café mit Innenhof. Das vielfältige Frühstücksangebot (z. B. ein „Kutter-Frühstück" mit viel Fisch oder ein „Ranger-Frühstück" mit einer großen Portion Rührei) wird Mo.–Fr. bis 12 Uhr, Sa./So. bis 13 Uhr angeboten, außerdem bekommt man kleine warme Gerichte wie Pasta, Quiche und holsteinische Speisen.

**5** [D5] **Café Niederegger**, Breite Straße 89, Tel. 5301126, www.niederegger.de, Mo.–Fr. 9–19, Sa. 9–18, So. 10–18 Uhr. Im Obergeschoss werden leckere Torten serviert, unter anderem der äußerst beliebte Dauerbrenner des Cafés, die Marzipan-Nuss-Torte. Aber es gibt auch noch weitere sehr leckere Torten und unten kann man sich anschließend noch mit Marzipan für zu Hause eindecken.

☕**56** [D5] **Café Utspann**, Wahmstr. 35, im Hansehof, Tel. 7070677, http://cms.cafe-utspann.de, Mo.–Sa. 9–18 Uhr. „Utspann" ist Plattdüütsch und bedeutet „Ausspannen" – und das kann man hier, nur wenige Schritte vom Trubel der City entfernt, hervorragend. „Wir backen selbst", sagen die Macher und das schmeckt man auch! Frühstück wird serviert, um 12 bis 17 Uhr gibts herzhafte Kleinigkeiten und natürlich Torten wie die unnachahmliche Stachelbeer-Baiser-Torte.

🍷**57** [E5] **Marli-Café/Restaurant**, Sankt-Annen-Str. 1, Tel. 8899744, www.marli.de, Mo.–Sa. 8–19, So. 9–19 Uhr. In dem kleinen, schicken Lokal arbeiten Behinderte. Geboten wird Frühstück, Mittagstisch, Kaffee und Kuchen. Abendessen serviert das Team nur nach vorheriger Absprache. Insgesamt ein tolles, unterstützenswertes Projekt.

## Lübeck für Genießer

### Lecker vegetarisch

**61** [F4] **Café Affenbrot** €, Kanalstr. 70, www.cafe-affenbrot. de, Tel. 72193, Mo.–Fr. 9–22, Sa. 9–23, So. 9–21 Uhr. Das Lokal liegt ein wenig am Rande der Altstadt, ist aber leicht zu Fuß zu erreichen. Man findet es im „Werkhof", einem Kunst- und Kulturzentrum mit mehreren alternativen Läden, Einrichtungen und einem Backpacker-Hostel. Serviert wird ausschließlich vegetarische Küche, ab 12 Uhr gibt es einen Mittagstisch.

Die folgenden Restaurants bieten leckere vegetarische Gerichte an:

> **Hieronymus** (s. S. 23)
> **Lokal** (s. S. 22)

### Dinner for one

Grundsätzlich ist es überall kein Problem, als Single in einem Lokal zu speisen. Sehr gemütlich und so richtig „sich selbst überlassen" kann man im **Café Niederegger** 5 stundenlang die dort ausliegenden Zeitungen von vorne bis hinten studieren. Ebenfalls nett und ungestört sitzt man hier:

> **Remise** (s. S. 26)
> **Ratskeller** (s. S. 22)
> **Café Calma** (s. S. 25)

### Essen mit Ausblick

> **Funambules** (s. S. 28) liegt an der Obertrave. Hier werden Gerichte oder in der warmen Jahreszeit auch ein kühler Drink auf der großen, einladenden Terrasse serviert.
> **Kogge**, Willy-Brandt-Allee 6, tgl. 12–0.30 Uhr. Bier- und Weinlokal im Radisson Blu Senator Hotel (s. S. 124). Großartige Aussicht auf die Trave und die Stadt.
> Vor allem im Sommer genießen Gäste von der großen Terrasse des **Pizza San Remo** (s. S. 23) einen schönen Blick auf die Obertrave und die dort liegenden Schiffe.
> Das **Ristorante Seaside** (s. S. 25) befindet sich auf einem Schiff und bietet sowohl einen tollen Blick aufs Wasser wie auch auf die Altstadt.

### Für den späten Hunger

Hier wird man auch noch um Mitternacht herum satt:

> **Hieronymus** (s. S. 23)
> **Quepasa** (s. S. 23)
> **Ali's Futterkrippe** liegt direkt am Lindenplatz [B5] knapp vor der Puppenbrücke 1 und hat, so die Besitzer, „bis spät in die Nacht geöffnet".

**58** [D5] **Niedereggers Arkadencafé**, Am Markt, Tel. 5301126, Mo.–Do. 8–20, Fr./Sa. 8–22, So. 10–20 Uhr. Modernes Lokal der Marzipan-Dynastie mit schönem Blick auf den Rathausmarkt.

**59** [E5] **Remise**, Wahmstr. 43, im Hinterhof, Tel. 77773, www.remise-luebeck.de, Mo.–Fr. 12–24, Sa. 9–24, So. 9–22 Uhr. Gemütliches Lokal mit hohen Wänden, schön dekoriert mit riesigen Spiegeln und Palmen. Serviert wird deutsch-mediterrane Küche: Pasta,

Salate, aber auch Fleischgerichte vom Holsteiner Weiderind. Ein Tipp für Langschläfer, denn Frühstück gibt es samstags und sonntags auch noch am frühen Nachmittag.

**60** [D4] **Wiener Caféhaus**, Breite Str. 62, Tel. 2969895, www.cafehaus-luebeck. de, Mo.–Sa. 9–19, So. 10–18 Uhr. Das Café liegt beim Rathaus im Kanzleigebäude und bietet eine große Terrasse. Traditionelle Kaffeehauskultur und Mittagsküche, sonntags 10–14 Uhr Brunch.

# Lübeck am Abend

*Der nüchterne Hanseat schuftet tagsüber in seinem Kontor und wahrt Etikette sowie Tradition – so weit das Klischee. Und am Abend? Dann kommt Leben in die Bude! Das Nachtleben fängt schon um 18 Uhr mit der After-Work-Party an, die jeden Donnerstag auf dem Cargo-Schiff (s. S. 28) stattfindet. Das Angebot an Abendunterhaltung ist in Lübeck breit und reicht von der gemütlichen Bierpinte über die stilvolle Cocktailbar bis zum Rockschuppen.*

Das Nachtleben von Lübeck bietet eine ganze Menge Abwechslung. Es gibt beispielsweise relativ viele Theatersäle für eine Stadt dieser Größenordnung und erfreulicherweise liegen diese Theater alle in der Altstadt, sind also sogar zu Fuß erreichbar. Auch die meisten Klubs und Kneipen liegen im Altstadtbereich. Man findet sie überwiegend aber am Rande der Altstadt in der Nähe der Flüsse und Kanäle, die die Altstadt umschließen, also noch in sehr guter Fußläufigkeit. Nur zwei Klubs befinden sich in der Vorstadt, aber dahin dürfte eine Taxifahrt noch erschwinglich sein.

⌃ *Jazz Café: gemütliches Ambiente*

## Kneipen, Szenetreffs

☛62 [E3] **Bolero**, Breite Straße 1–5, Tel. 7079140, http://luebeck.bplero.de, So.–Fr. ab 17, Sa. ab 12 Uhr. Die Selbstbeschreibung „Lifestyle Bar" passt: Es gibt deftige Gerichte (Burger, Steaks, Enchiladas) und einiges an Trinkangeboten wie die „Happy Hour" (17–19 Uhr), „Jumbo Hour" (19–23 Uhr, Cocktails zu Festpreisen) und „Caipi Hour" (23–1 Uhr).

☛63 [C4] **Brauberger,** Alfstr. 36, Tel. 71444, www.brauberger.de, tägl. ab 17 Uhr. Gasthausbrauerei mit selbstgebrautem Bier, die Braukessel stehen mitten im Raum. Hier werden rustikale Gerichte (Spießbraten, Bauernfrühstück etc.) in urigem Ambiente serviert. Fr./Sa.Happy Hour von 17 bis 19 Uhr.

☛64 [E4] **Buthmanns Bürgerstuben,** Glockengießerstr. 3–5, Tel. 76788, ab Mo.–Sa. ab 14 Uhr, im Winter ab 12 Uhr, So. geschlossen. Alteingesessenes Bierlokal, irgendjemand nannte das Buthmanns mal „eine grundehrliche Kneipe" – und genau das trifft es! Mehrere Biersorten sind im Angebot, außerdem Frikadellen und Soleier. Keine Musikbeschallung, man kann sich also noch richtig unterhalten. Das Buthmanns ist nichts Außergewöhnliches, gehört aber zu Lübeck wie das Holstentor. Das Lokal ist eine „Raucherbierstube", deshalb ist der Zutritt erst ab 18 Jahren erlaubt.

☛65 [C5] **Funambules,** An der Obertrave 18, Tel. 7075451, www.funambules.de, Mi.–Sa. ab 18 Uhr. Schank- und Speisegaststätte mit Livemusik, auch Kleinkunst oder Comedy stehen manchmal auf dem Programm. Im Sommer wird Speis und Trank auf der Außenterrasse serviert.

☛66 [E6] **Im Alten Zolln,** Mühlenstr. 93, Tel. 72395, www.alter-zolln.de, tgl. ab 11 Uhr. Sehr uriges Lokal vom Typ Studentenkneipe, etwas verwinkelt und über zwei Etagen verteilt. Serviert wird eigenes Bier und gute Hausmannskost. Die Einrichtung ist durch viel Holzdekor geprägt und wirkt urig-gemütlich. In der kalten Jahreszeit wird regelmäßig Livemusik bei freiem Eintritt geboten. WLAN-Hotspot.

## Klubs, Discos

☛67 [F5] **Cargo,** Kanalstr. 100, im Klughafen, Tel. 7060000, http://cargoschiff.de, Fr./Sa. ab 22 Uhr. Früher ein Binnenschiff, nach kompletter Entkernung samt Umbau heute ein Partyschiff mit drei Dancefloors, tägl. 22–24 Uhr Happy Hour.

☛68 [F5] **Hüx,** Hüxterdamm 14, Tel. 76633, www.huex.de. Ein Dauerbrenner im Lübecker Nachtleben mit wechselnden Mottopartys, etwa freitags „Klingt Super!" (Pop, Rock, Indie, Dancefloor).

☛69 [D6] **Jazz Café,** Mühlenstr. 62, Tel. 7073734, www.jazz-cafe-hl.de, Mo.–Fr. ab 16, Sa. ab 12, So. ab 9 Uhr, im Sommer Mo.–Fr. ab 12 Uhr, jeweils open end. Restaurant und Bar mit gemütlichem Ambiente und ruhiger Musik. Mehrmals am Abend Spezialangebote wie „Happy Hour" (17–20 Uhr) oder „Jumbo Hour" (Cocktails zum Festpreis, ab 20 Uhr).

☛70 **Musikpark A1,** Bei der Lohmühle 7, Tel. 8104390, www.a1-musikpark.de, Do./Fr/ Sa. ab 22 Uhr. Mehrere Dancefloors mit verschiedenen Musikrichtungen.

☛71 [E5] **Ohana,** Hüxstr. 58, Tel. 4098468, www.ohana-bar.de, Mo.–Fr. ab 11.30, Sa./So. ab 10 Uhr. Das Ohana liegt direkt

### Gastro- und Nightlife-Areale

Bläulich hervorgehobene Bereiche in den Karten kennzeichnen Gebiete mit einem dichten Angebot an Restaurants, Bars, Klubs, Discos etc.

an einer von Lübecks wichtigsten Einkaufsstraßen. Die Mischung aus Restaurant, Café und Lounge bietet Gästen auch eine Bar und einen (Winter-)Garten. Tägl. 17–19 Uhr Cocktail-Happy-Hour.

**72** [F5] **Parkhaus,** Hüxterdamm 3, im Parkhaus Ahlhof, Tel. 7072557, www.parkhaus.tv, Fr./Sa. ab 23 Uhr. Drei Dancefloors, eine Lounge, zwei Raucherbereiche und im Sommer öffnet zusätzlich ein Beachclub.

**73** **Rider's Café,** Leineweberstr. 4, Tel. 898101, www.riders-cafe.de. Der Spot liegt etwas außerhalb der City und fing 1986 recht bescheiden als eine Art Nebengeschäft eines Fahrzeughandels an, entwickelte sich dann jedoch so gut, dass der Autohandel lange Zeit ruhte. Heute finden hier Konzerte und Partys mit Bands und DJs aus aller Welt statt, unterschiedliche Musikrichtungen. Mit Raucherbereich.

**74** [C3] **Sounds,** An der Untertrave 81, Tel. 0172 5405050, www.soundsclub. de, Fr. ab 21, Sa. ab 22 Uhr. Freitags Livemusik von internationalen, nationalen oder lokalen Bands, samstags dann Disco mit verschiedenen Mottopartys.

## Theater

**75** [C5] **Figurentheater Lübeck,** Kolk 20–22, Tel. 70060, www.figurentheater-luebeck.de. Hier wird die zauberhafte Welt des Figurentheaters lebendig. Es treten auf: Marionetten, Stock- oder Stabpuppen, Handfiguren und noch andere Theaterpuppen. Gleich nebenan liegt übrigens das sehenswerte TheaterFigurenMuseum **24**.

**76** [F5] **Theater Combinale,** Hüxstr. 115, Tel. 78817, www.combinale.de. Kleines Theater (116 Plätze) in einem idyllischen Hinterhof, in dem (meist) selbstgeschriebene Stücke aufgeführt werden. Von und mit drei engagierten Personen, die alles selber machen.

## Smoker's Guide

In Schleswig-Holstein gilt in Lokalen ein allgemeines **Rauchverbot,** allerdings kann das Rauchen in einem **abgetrennten Bereich** gestattet sein. Im April 2008 bekamen vier Wirte aus Lübeck vor dem Verwaltungsgericht Recht mit einer Klage gegen das Rauchverbot. Sie argumentierten, dass in ihren kleinen Einraumkneipen sein separater Raucherbereich eingerichtet werden könne und sie sich somit in ihrer Existenz bedroht sähen. Dem gab das Gericht nach und erlaubte das Rauchen in diesen Lokalen bis zu einem endgültigen Entscheid des Verfassungsgerichts. Grundsätzliche Voraussetzung sei aber, dass keine Angestellten beschäftigt werden.

In folgenden Lokalen gibt es Bereiche für Raucher:

> **Buthmanns Bürgerstuben** (s. S. 28)
> **Café Art** (s. S. 25)
> **Rider's Café** (s. S. 29)
> **Schlumacher's** (s. S. 22)
> **Smokers Corner** (s. S. 18)
> **Weintreff von Melle** (s. S. 25)

**77** [D4] **Theater Lübeck,** Beckergrube 16, www.theaterluebeck.de, Kartentelefon 399600. Wie so vieles in Lübeck ist auch dieses Theater historisch. Seit 250 Jahren werden in der Beckergrube Stücke aufgeführt, heute auf drei Bühnen. Zur Aufführung kommen Schauspiele, mal konventionell, mal experimentell, Konzerte und auch Musiktheater. Wer sich traut, der besucht eine Aufführung auf Plattdüütsch.

**78** [E4] **Theater Partout,** Königstr. 17, Tel. 70004, www.theater-partout.de. Dies ist eines der ältesten privaten Theater Lübecks und mit 90 Plätzen relativ klein. Anspruchsvolle Aufführungen in Kammerspielatmosphäre.

019lk Abb.: sm

○79 [C4] **Theaterschiff,** Willy-Brandt-Allee 10k, im Holstenhafen bei der Musik- und Kongresshalle bei der Fußgänger- brücke, www.theaterschiffluebeck.de, Tel. 2038385. Der Theatersaal liegt im ehemaligen Laderaum eines Schif- fes und hat 176 Sitze. Geboten werden Komödien, Sketche und Kabarett.

○80 [E4] **Volkstheater Geisler,** Dr.-Julius- Leber-Str. 25, Tel. 7078281, www.volks theater-geisler.de. Der Name ist Pro- gramm: In diesem Haus mit 150 Plätzen werden volksnahe Stücke aufgeführt, Komödien, Krimis, Kabarett, aber auch ab und an Konzerte.

○81 [D4] **Wasser Marionetten Theater,** am Rathausmarkt, links neben dem Ratskel- ler, Tel. 0177 4510700 (Tickets), www. wassertheater.de, Vorstellungen sai- sonal und nicht ganzjährig, im Sommer mehrmals am Tag. Das Theater bietet eine einmalige Kulisse, denn die fanta-

sievollen Stücke werden in Aquarien von 10 bis 3000 Liter Fassungsvermögen aufgeführt, u. a. mit tanzenden Krabben und anderen Meeresbewohnern.

## Konzerte

❯ **Funambules** (s. S. 28). Hier treten auch eher weniger bekannte Künstler auf.

❯ **Im Alten Zolln** (s. S. 28). Gelegentliche Live-Auftritte bei freiem Eintritt.

⊕82 [E8] **Kolosseum,** Kronsforder Allee 25, Tel. 3002570 (keine Tickets), www. kolosseum-online.de. Der ehema- lige Ballsaal bietet Platz für fast 500 Zuschauer. Auf dem Programm stehen Konzerte, Vorträge, aber auch Comedy und andere Veranstaltungen.

⊕83 [C5] **Musikhochschule Lübeck,** Große Petersgrube 21, Tel. 15050, www.mh- luebeck.de. Das dürfte schon ziemlich ungewöhnlich sein: In insgesamt 22 historischen Häusern, die sich über die gesamte Altstadt verteilen, wurde eine der renommiertesten Musikhochschulen Deutschlands eingerichtet. Dort spielen die Musikstudenten auf der Bühne, meist um 17 und um 20 Uhr. Gäste sind zu den meist kostenlosen Auftritten und Prüfungen willkommen. Jedes Jahr im Mai veranstaltet die Musikhochschule ein weithin beachtetes Brahms-Festival.

⊘84 [B4] **Musik- und Kongresshalle,** Willy-Brandt-Allee 10, Tel. 79040, www.muk.de. Das spektakuläre Konzertgebäude liegt auffällig am Ufer der Trave und wird auch für Kongresse genutzt. Insgesamt bietet das Haus ein breites Angebot: Klassik, Musical, Pop, Rock, Theater, Comedy. Hier wird alles gespielt, denn die Künstler schätzen die hervorragende Akustik des modernen Konzertsaals.

〉 **Rider's Café** (s. S. 29). Konzerte mit Bands aus aller Welt und diverser Stilrichtungen.

## Kino

🎞85 [E6] **Cinestar,** Mühlenbrücke 11, Tel. 7030102, www.cinestar.de. Großes Kino mit sieben Leinwänden, hier werden auch 3D-Filme gezeigt.

🎞86 [E4] **Das Filmhaus,** Königstraße 38–40, Tel. 13968467, www.cinestar.de. Kino mit drei Sälen.

🎞87 [C4] **Kommunales Kino,** Mengstr. 35, Tel. 11221287, www.kinokoki.de. Im Kino Koki laufen überwiegend Filme jenseits des Mainstreams.

# Lübeck für Kunst- und Museumsfreunde

*Lübeck bietet eine bemerkenswerte Vielfalt an Museen und Galerien. Die Bandbreite reicht von sakralen und monetären Schätzen über mehrere Ausstellungen mit klassischen Kunstwerken bis hin zu einer liebevollen Sammlung von Theaterpuppen. Und den drei Lübecker Nobelpreisträgern ist jeweils auch ein eigenes Haus gewidmet.*

## Museen

❽ [D4] **Buddenbrookhaus.** Hier ist das Heinrich-und-Thomas-Mann-Zentrum mit zwei Dauerausstellungen untergebracht. Im Untergeschoss befindet sich die Ausstellung „Die Manns, eine Schriftstellerfamilie" zur Mannschen Familiengeschichte und in der 2. Etage „Die Buddenbrooks, ein Jahrhundertroman", letztere veranschaulicht u. a. die Entstehungsgeschichte des weltberühmten Romans. Einige Räume sind exemplarisch so eingerichtet, wie sie auch im Buch beschrieben sind.

〉 **Europäisches Hansemuseum** beim Burgkloster ⓭. In einem ursprünglich 1229 von den Dominikanern erbauten Kloster und dem momentan im Bau befindlichen Neubau soll ab März 2015 auf rund 4700 Quadratmetern Ausstellungsfläche Besuchern die Geschichte der einstigen Handelsmacht Hanse nahegebracht werden.

⓲ [E4] **Günter-Grass-Haus,** Das Haus versteht sich als Forum für Literatur und Bildende Kunst und bietet Einblicke in das vielfältige Schaffen von Günter Grass, der zwar als Schriftsteller bekannt ist, aber tatsächlich schon seit Jahrzehnten auch als Künstler an Skulpturen, Aquarellen, Zeichnungen und Grafiken arbei-

◁ *Modernes Theater in alten Gemäuern: das Theater Lübeck*

## Lübeck für Kunst- und Museumsfreunde

EXTRATIPP

**Museumsnacht**
Ende August findet die Lübecker Museumsnacht statt, in der fast alle Museen und Galerien bis 1 Uhr in der Früh geöffnet haben. Flyer zu diesem Event liegen in vielen Lokalen, Hotels und natürlich in der Touristeninformation aus. Infos erhält man auch auf der Homepage www.die-luebecker-museen.de.

Museen, die mit einer magentafarbenen Nummer (**21**) als Hauptsehenswürdigkeit ausgewiesen sind, werden im Kapitel „Lübeck entdecken" ausführlich beschrieben. Dort finden sich auch alle praktischen Informationen wie Adresse, Öffnungszeiten usw.

tet. Ein Teil seines reichhaltigen Schaffens wird in diesem Haus ausgestellt.

**15** [E3] **Museum Behnhaus Drägerhaus.** In zwei benachbarten und heute untereinander verbundenen Häusern werden Gemälde und Plastiken des 19. Jahrhunderts sowie der klassischen Moderne vom Anfang des 20. Jahrhunderts ausgestellt. Die Räume sind außerdem mit stilvollen Möbeln aus der Zeit der ursprünglichen Besitzer dekoriert, was eine ganz eigene Atmosphäre schafft.

**88** [D6] **Museum für Natur und Umwelt,** Musterbahn 8, Tel. 1224122, http://die-luebecker-museen.de, Di.–Fr. 9–17, Sa./So. 10–17 Uhr, Eintritt: 6 €. Dieses Museum bietet auf drei Etagen eine sehr schön gemachte Darstellung der Naturgeschichte Schleswig-Holsteins mit besonderem Augenmerk auf die artenreiche Tier- und Pflanzenwelt des Lübecker Raums. Dabei ragt die Ausstellung „Im Reich des Wassermanns" heraus, die die Wasserwelt der Flüsse Trave und Wakenitz sowie der Ostsee sehr eindrucks-

voll nahebringt. So wird beispielsweise veranschaulicht, wie groß eine Seerose werden kann. Weiterhin gibt es einen erdgeschichtlichen Abriss über Nordeuropa, werden heimische Tiere ausgestopft präsentiert und sehr anschaulich erklärt, wie ein Bienenstock funktioniert. In einem gläsernen Extraraum im Innenhof prangt das Skelett eines 14 Meter langen Pottwals.

**21** [E6] **Museumsquatier St. Annen.** In einem ehemaligen Kloster wird sakrale Kunst aus dem Mittelalter gezeigt mit der einzigartigen Sammlung an Flügelaltären und in einem angrenzenden hochmodernen Ergänzungsbau „Moderne Kunst nach 1945". Außerdem richtet sich ein Ausstellungsbereich direkt an Kinder. Das Gezeigte wird nicht nur kindgerecht aufbereitet, es gibt auch eine umfangreiche Spielzeugsammlung zu sehen.

**2** [C5] **Stadtgeschichtliches Museum im Holstentor.** Im Inneren des Holstentors befindet sich heute eine interessante Ausstellung zur Lübecker Stadtgeschichte. Die thematische Klammer der Ausstellung ist „Die Macht des Handels", denn der Fernhandel war über Jahrhunderte die Quelle des Lübecker Reichtums. Die Geschichte wird anhand von Schiffsmodellen, einem Stadtmodell, einem nachgebildeten Markt und auch von Gegenständen der einstigen Folterkammer veranschaulicht.

**24** [C5] **TheaterFigurenMuseum.** Das liebevoll eingerichtete Privatmuseum in fünf miteinander verbundenen historischen Gebäuden zeigt etwa 1000 Theaterpuppen aus Asien, Afrika und Europa.

**16** [E4] **Willy-Brandt-Haus.** Die Ausstellung bietet eine sehr interessante multimediale Zeitreise durch das abwechslungsreiche Leben Brandts. In sieben Räumen werden entscheidende Stationen aus Leben und Wirken des ehemaligen Bundeskanzlers anschaulich dargestellt.

## Kunstgalerien

☎**89** [E5] **Galerie Ansichtssache,** Hüx-
str. 34, Tel. 7070867, www.galerie-
ansichtssache.de, Mo. 13.30–18,
Di.–Do. 10–18, Fr. 10–19, Sa. 10–16
Uhr. Hier erhält man Poster, Postkarten,
Fotos, frei nach dem Motto des Hauses
„Sie haben die Wände, wir die Bilder".

☎**90** [E5] **Galerie Dekorat,** Fleischhauerstraße 26, Tel. 72128, www.
galerie-dekorat-luebeck.de, Mo.–Fr.
11–14, 15–18, Sa. 11–15 Uhr. Rahmen, Gemälde, Postkarten, auch mit
Lübeck-Motiven.

☎**91** [E5] **Galerie Koch-Westenhoff,**
Hüxstr. 29, Tel. 72808, www.galerie-
koch-westenhoff.de, Di.–Fr. 10–18,

Sa. 10–14 Uhr. Gemälde, Grafiken und
Plastiken der klassischen Moderne.

☎**92** [E4] **Julender,** Glockengießerstr. 26,
Tel. 3892291, Mo., Mi., Fr. 10–18 Uhr,
Di., Do. 12–18 Uhr, Sa. 11–14 Uhr.
Kunstdrucke, Kunstpostkarten, Kalen-
der und Originale, nebst professioneller
Gestaltung.

☎**93** [E4] **Kunsthaus Lübeck,** Königstr. 20,
Tel. 75700, www.kunsthaus-luebeck.
de, Di.–Fr. 11–18, Sa. 11–14 Uhr. Der
Schwerpunkt liegt auf Originalgrafiken
der klassischen Moderne, Skulpturen
und antiquarischen Büchern. Aber es
sind auch Werke von Günter Grass und
Armin Müller-Stahl ausgestellt.

☎**94** [D3] **Kunstkontor Die Rahmer,**
Breite Str. 4, Tel. 7907115, www.kunst
kontorzuluebeck.de, Di.–Fr. 10–18, Sa.
10–16 Uhr. Hier findet man Kunst loka-
ler und auswärtiger Künstler, außerdem
Geschenkideen. Auch individuelle Rah-
mungen werden angeboten.

*△ Kunstvolle Figuren bilden den
Abschluss der Fassade des Museums
Behnhaus Drägerhaus* **15**

## Kunst unter freiem Himmel

Eigentlich ist die Lübecker Altstadt ein einziges Kunstwerk für sich. Zumindest unter architektonischen Gesichtspunkten trifft dies zu. Aber daneben gibt es auch noch einige Skulpturen und Kunstgegenstände im öffentlichen Raum, über die Besucher sicher zufällig (oder auch gewollt) stolpern können. Hier ein paar Hinweise dazu:

❭ Wer vom Hauptbahnhof oder ZOB in Richtung Holstentor marschiert, wird wohl den kleinen Park am Lindenplatz [B5] passieren. Dort erhebt sich ein Denkmal zu Ehren von **Kaiser Wilhelm I.** hoch zu Ross. Genau gegenüber steht eine Skulptur des Reichskanzlers **Otto von Bismarck,** der zu seinem Kaiser streng hinüberschaut.

❭ Bei den markanten **Skulpturen auf der Puppenbrücke** ❶ handelt es sich um Kopien, die Originale stehen im Innenhof des St.-Annen-Museums ㉑.

❭ **Zwei Löwen** liegen in sicherer Entfernung und doch unübersehbar am Park vor dem Holstentor ❷, einer erkennbar müde, der andere wachsamer. Sie wurden von Christian Daniel Rauch erschaffen, einem der bedeutendsten Bildhauer des Klassizismus.

❭ Ähnlich von Gestalt und Dimensionen sind die **Löwen auf der Burgtorbrücke** vor dem Burgtor ⑫ auf der nördlichen Altstadtseite, die aus den Händen von Fritz Behn stammen.

❭ Ein dritter **Löwe** steht **im Garten am Dom** ㉒. Dabei handelt es sich um eine 1975 angefertigte Kopie des Braunschweiger Löwen, die zu Ehren von Heinrich dem Löwen (1129–1195) erschaffen wurde, der 1159 die Neugründung Lübecks veranlasste.

❭ An der Westfassade der St. Katharinenkirche ⑲ befinden sich in einer Nische drei Skulpturen, die sogenannte

„Gemeinschaft der Heiligen", die ursprünglich von Ernst Barlach stammen, aber nach seinem Tod durch Gerhard Marcks vollendet und schließlich um sechs weitere Figuren ergänzt wurden.

❭ Neben dem Heiligen-Geist-Hospital ⑭ steht am Koberg ein **Denkmal** zu Ehren des Lübecker Dichters **Emanuel Geibel** (1815–1884). Er verfasste den Text des Volksliedes „Der Mai ist gekommen". Thomas Mann verewigte Geibel in seinem Roman „Buddenbrooks" in der Figur des Stadtdichters Jean-Jacques Hoffstede.

❭ Auf dem **Dach der Musik- und Kongresshalle** (s. S. 31) stehen die bunten **Skulpturen** des Bildhauers Thomas Schütte („Fremde"), die er anlässlich der documenta IX in Kassel schuf. Das Kunstwerk ist allen verfolgten Menschen weltweit gewidmet.

❭ Direkt vor der St. Marienkirche ❻ hockt ein **kleiner Teufel** auf einem Stein und guckt ein wenig unschuldig-verschmitzt, dabei hat man den armen Teufel einst an der Nase herumgeführt ... (Exkurs s. S. 72)

▷ *In Lübeck finden sich viele Orte der Entspannung, hier der Grünstreifen neben der Puppenbrücke* ❶

# Lübeck zum Träumen und Entspannen

*Durch die Altstadt von Lübeck zu schlendern, macht Spaß. Gleichwohl sehnt sich jeder Besucher nach einem längeren Besichtigungsmarathon irgendwann einmal nach einer Oase der Ruhe, um zwischendurch ein wenig zu entspannen. Und es gibt sie durchaus, diese Oasen, hier ein paar Vorschläge.*

› **Grünstreifen bei der Puppenbrücke ❶:** Den Blick zur Innenstadt und auf das Holstentor ❷ gerichtet, liegt rechts der Puppenbrücke ein schmaler Grünstreifen direkt am Stadtgraben. Hier toben bei gutem Wetter sogar Kinder im Wasser herum, aber ansonsten ist dies ein kleiner Flecken Grün, auf dem man halbwegs ungestört ein Päuschen einlegen kann.

› **Grünstreifen bei der Mühlenbrücke [E7]:** Diese ebenfalls nicht sehr große Grünfläche liegt unweit des Doms ㉒ und wird gut über die Wallstraße erreicht.

**Spaziergang durchs Grüne**

Die hier beschriebenen Grünstreifen zählten früher zu den **historischen Lübecker Wallanlagen.** Ein 4 km langer **Rundweg** führt durch diese kleine Parkzone, ausgehend von der Puppenbrücke ❶ beim Holstentor bis hinüber zur Hüxtertorbrücke [F5]. Von dort aus gelangen Spaziergänger durch die Hüxstraße wieder zurück in die City. Direkt bei der Puppenbrücke weist ein unscheinbares Holzschild mit der Aufschrift „Uferweg" auf diesen Weg hin.

› **An der Obertrave [C5/6]:** Zwar zählt diese Zone schon zu den stark besuchten Ecken der Stadt, da hier einige reizvolle Lokale liegen. Dennoch kann man hier sehr schön ausspannen, denn die meisten Lokale verfügen über eine meist ziemlich große Terrasse direkt am Wasser. Dort kann man wunderbar chillen und so nebenbei auch noch seinen Hun-

021lk Abb: sm

## Lübeck zum Träumen und Entspannen

ger und Durst stillen. Aber selbst wer ein einsames Plätzchen sucht, wird in diesem Bereich fündig. Dazu muss man nur ein Stückchen weiter die Straße An der Obertrave in südlicher Richtung gehen, bis knapp hinter der Fußgängerbrücke. Dort warten sogar ein paar Ruhebänke auf müde Citybummler. Und wer es noch stiller wünscht, überquert die Fußgängerbrücke und hält sich dann leicht nach links. Auch dort öffnet sich eine Grünanlage in der Nähe der Freilichtbühne (s. S. 118).

› Hinter dem Dom liegt das Museum für Natur und Umwelt (s. S. 32) an der Straße namens Musterbahn. Genau dort liegt auch der kleine **Mühlenteich** [D/E7], der von einer netten Grünanlage umgeben ist. Auch dort lässt es sich wunderbar verschnaufen und man kann sogar die müden Füße ins kühle Nass baumeln lassen.

› **Bürgergärten** neben dem Heiligen-Geist-Hospital ⓮: Diese Gärten erstrecken sich hinter den Häusern der Königstraße [E3], so auch hinter dem Museum Behnhaus Drägerhaus ⓯. Die Gärten sind leider manchmal durch Pforten verschlossen, sollten aber in der Regel geöffnet sein. Sie eignen sich durchaus für eine kurze Verschnaufpause zwischendurch. Außerdem ist es recht interessant, die schicken Häuser einmal von der Rückfront aus zu betrachten.

› **Ostseestrand in Travemünde** (s. S. 97): Der Traum vom Kurztrip an die Ostsee ist mit relativ geringem Aufwand machbar. Sowohl mit der Bahn als auch mit Stadtbussen erreicht man Travemünde in kurzer Zeit. Der zentrale Endbahnhof für beide (Bus und Bahn) liegt knapp fünf Gehminuten vom herrlichen Ostseestrand entfernt. Dort kann man im feinen Sand liegen und beim Rauschen der Wellen echte Tiefenentspannung erfahren.

### Tipps für Morgenmuffel

Wer ganz für sich alleine in einem Café die Zeitung von vorne bis hinten durchlesen möchte, der sollte folgende Lokale aufsuchen:

❺ [D5] **Café Niederegger.** Zwar ist dieses Café nachmittags rappelvoll, aber am Vormittag bleibt der Andrang doch recht überschaubar. Hier kann man wunderbar die Zeit vertrödeln.

› Die **Remise** (s. S. 26) liegt schon ziemlich ruhig in einem Hinterhof und ist auch selbst ein Hort der Ruhe. Dazu trägt auch die angenehme Dekoration und das dadurch entstandene stille Ambiente bei.

› **Café Calma** (s. S. 25). Wenn ein Café schon „Calma" heißt (Spanisch für „Ruhe") ... Das Calma wartet mit einem kleinen, aber sehr netten Hinterhof auf, in dem man entspannt sitzt.

› **Café Utspann** (s. S. 25). „Utspann" ist Plattdüütsch und bedeutet „ausspannen" – und das kann man hier, nur wenige Schritte von der trubeligen City entfernt, bei selbstgebackenem Kuchen ganz ausgezeichnet.

# Am Puls der Stadt

004lk Abb.: sm

# Das Antlitz der Stadt

*Lübeck, „die Königin der Hanse", wie die Stadt auch gerne genannt wird, hat eine beeindruckende mittelalterliche Altstadt zu bieten. Ein Gebiet von überschaubarer Größe zwar, das kaum eine Fläche von 2 x 1 km umfasst, und doch finden sich hier Hunderte von historischen Gebäuden, sodass mit einigem Recht auch von Lübeck als Gesamtkunstwerk gesprochen werden kann. Das sah auch die UNESCO so: Im Dezember 1987 wurde die Lübecker Altstadt in die Weltkulturerbe-Liste aufgenommen, denn dieser historische Stadtkern ist ein herausragendes Beispiel mittelalterlicher Backsteingotik.*

Über Jahrhunderte bestand Lübeck ausschließlich aus jenem Gebiet, das heute nur ein Stadtteil der Hansestadt ist, ganz offiziell „Innenstadt" heißt und im allgemeinen Sprachgebrauch auch nur „Altstadt" genannt wird: der historische Insel-Stadtkern, der komplett von Wasserläufen und den Resten einer ehemaligen Wallanlage umgeben ist.

Heute zählt Lübeck **213.000 Einwohner,** nur knapp 13.000 Menschen leben in der Altstadt. Lübeck ist also insgesamt betrachtet sehr viel größer als sein historisches Zentrum. Nur dieser Bereich ist Weltkulturerbe, nur in dieser Zone finden Besucher die mittelalterlichen Schätze.

◁ *Vorseite: Das Holstentor* ❷
*prägt das Antlitz der Stadt seit mehreren Jahrhunderten*

▷ *Irgendein Turm*
*ist immer zu sehen,*
*hier jener der St. Petrikirche* ㉓

## Lübeck heute

Lübeck erstreckt sich über relativ lange 29 Kilometer von Nordost nach Südwest, die maximale Ausdehnung in der Breite beträgt 11 Kilometer von Nordwest nach Südost. Lübecks **Stadtfläche** ist deshalb vergleichsweise groß, sie beträgt 214 km². Damit ist Lübeck flächenmäßig die größte Stadt in Schleswig-Holstein. Zum Vergleich: Kiel als Hauptstadt des Bundeslandes (238.000 Einwohner) ist mit 118 km² ungefähr halb so groß. Hamburg mit der neunfachen Anzahl an Bewohnern (1,8 Mio.) hat eine Flächenausdehnung von 775 km², ist also nur etwas mehr als dreimal so groß wie Lübeck.

Die Stadt Lübeck ist unterteilt in **10 Stadtteile.** Das historische Zentrum liegt im Stadtteil Innenstadt und ist das touristische Kerngebiet. Es ist natürlich auch der älteste Stadtteil, denn nur aus diesem relativ kleinen Bereich bestand über mehrere Jahrhunderte das Lübecker Stadtgebiet. Diese Innenstadt umschließen zwei Flussläufe: die **Trave** und die **Wakenitz.** Das Gebiet kann nur über eine von 12 Brücken betreten werden, darunter sind 5 reine Fußgängerbrücken.

Die benachbarten Stadtteile sind unterschiedlich geprägt, teils durch gründerzeitliche Villen, teils durch Wohnblocks, teils durch Industrieansiedlungen. Die meisten Stadtteile liegen rings um das Altstadtviertel, drei jedoch liegen räumlich vom Stadtkern schon etwas entfernt und sind unterschiedlich geprägt. So war der nördlich der Innenstadt und direkt an der Trave gelegene Stadtteil Schlutup einst der nördlichste Grenzübergang zur DDR. Noch weiter nördlich schließt sich Kücknitz an, ein altes Industrieviertel, in dem auch ein Containerterminal des Lübecker Hafens zu finden ist.

Ganz im Norden, direkt an der Mündung der Trave in die Ostsee, liegt **Travemünde**. Heute ein viel besuchtes Seebad und der große Hafen von Lübeck, wurde dieser einst selbstständige kleine Ort bereits im 14. Jahrhundert von den Lübeckern gekauft, um eine freie Zufahrt für ihre Schiffe zur Ostsee über die Trave zu gewährleisten.

## Lübecks Altstadt

Geprägt wird die Silhouette der Stadt von den **sieben Kirchtürmen**, die weithin sichtbar aus dem Häusermeer herausragen.

Außerdem ist die Altstadt im Wesentlichen noch heute von einer Struktur geprägt, die bereits im Mittelalter angelegt wurde. Sie liegt auf einem kleinen **Inselhügel**, der von zwei Wasserläufen eingeschlossen wird. Besagter Hügel läuft zu den Seiten flach aus, während der zentrale Rücken etwas erhöht ist. Zwei Hauptstraßen (Breite Straße und Königstraße) verlaufen von Nord nach Süd etwa im Zentrum dieses Hügels zwi-

0221k Abb.: sm

schen zwei zentralen Plätzen, dem Koberg und dem Klingenberg. In der Mitte liegt der **Marktplatz mit dem Rathaus** ❹. Während am Koberg früher Bier verkauft wurde, war der Klingenberg ein Marktplatz für Schmiedeprodukte. Von diesen beiden zentralen Achsen führen **zahlreiche Stichstraßen** („Rippenstraßen" genannt) hinunter zu den Wasserläufen. Dieser bereits im 12. Jahrhundert angelegte Grundriss gilt noch heute.

Neben den Wasserläufen umschloss die Stadt noch eine **Befestigungsmauer**, sie hatte vier Stadttore. Heute sind mit dem **Burgtor** ⓬ und dem **Holstentor** ❷ nur noch zwei Tore vorhanden. Neben der ursprünglichen Stadtmauer wurde später (im 17. Jh.) um Lübeck ein Festungswerk errichtet, das heute fast

---

**KURZ & KNAPP**

## 7 Türme

Lübeck ist als die „**Stadt der sieben Türme**" bekannt. Die Türme zieren folgende Kirchen, Blickrichtung vom Holstentor auf die Altstadt von links nach rechts (also von Nord nach Süd):

> St. Jakobikirche ❾ (1 Turm)
> St. Marienkirche ❻ (2 Türme)
> St. Petrikirche ㉓ (1 Turm)
> St. Aegidienkirche ⓴ (1 Turm)
> Dom ㉒ (2 Türme)

komplett verschwunden ist. Ein Teil fiel dem Erweiterungsbau des Hafens zum Opfer. Reste der Wallanlagen in Form von einzelnen **Bastionen** sind aber noch zwischen Mühlenstraße [D5 – E6] und der Puppenbrücke ❶ erkennbar.

Da einige Lübecker schon relativ früh durch den Ostseehandel zu Wohlstand kamen, bauten sie sich prächtige Häuser. Damals war es üblich, dass sowohl das Kontor (Büro) als auch das Lager im selben Haus untergebracht waren, der Hausherr bewohnte mit seiner Familie und einigen Bediensteten nur einen Teil des Hauses.

Diese sogenannten **Dielenhäuser** hatten folgende grundsätzliche Aufteilung. Unten war die Diele (daher der Name), in der Ware zwischengelagert wurde. Von der **Diele** beförderte man sie zumeist per Seilzug in die oberen Stockwerke, wo sich das **Hauptlager** befand. Die **Kontore** lagen im Erdgeschoss, gewohnt wurde meist im hinteren Bereich.

Zur Bewältigung der Geschäfte, des Haushaltes und der Lagerung benötigten die Kaufleute Angestellte. Zumindest die wohlhabenden Bürger lebten in prächtigen Giebelhäusern mit teilweise ziemlich großen und tiefen Gärten. Ab dem 13. Jh. nahm die Bevölkerung zu, jedoch fehlte Wohnraum. Die notwendig gewordenen Arbeiter fanden kaum noch Wohnraum in der doch räumlich begrenzten Innenstadt. Dies war einer der Gründe, warum auf den recht tiefen Grundstücken kleine Wohnhäuser, sogenannte „Buden“, gebaut wurden. Es waren ziemlich kleine Häuser mit oftmals nur einem Raum.

Diese standen an schmalen **Stichgängen**, die vom Haupthaus abzweigten und zumeist durch ein Tor zugänglich waren. Noch heute wird gerne erzählt, dass sie zwar schmal gebaut wurden, aber darauf geachtet wurde, dass zumindest ein Sarg durchpasst. Im Laufe der Zeit erhielten diese Gänge eigene Namen, mit-

023lk Abb.: sm

**EXTRAINFO**

### Besonders sehenswerte Gänge

❭ **Bäckergang** (zweigt ab von der Engelsgrube, s. S. 79)
❭ **Hellgrüner und Dunkelgrüner Gang** (Engelswisch, s. S. 79)
❭ **St.-Jürgen-Gang** (Kleine Petersgrube)
❭ **Von-Höveln-Gang** (Wahmstraße, s. S. 91)

### Besonders sehenswerte Höfe

❭ **Füchtingshof und Glandorps Hof** (Glockengießerstraße, siehe ⓱)
❭ **Haasenhof** (Dr.-Julius-Leber-Straße, s. S. 89)
❭ **Schwans Hof** (Hartengrube, s. S. 96)

O24lk Abb.: sm

tels deren man auf die Berufsgruppe der dort Wohnenden schließen konnte (z. B. „Schlachter Gang"). Um die 90 Gänge existieren noch heute. Lange Zeit waren diese Viertel nicht gut angesehen. Heute sind die kleinen Häuser in den Gängen wieder **beliebte Immobilienobjekte,** denn sie liegen in der Regel ziemlich ruhig und dabei mitten in der City, die städtische Unruhe bleibt draußen.

Eine weitere architektonische Besonderheit sind die **Stiftungshöfe.** Die Höfe waren ähnlich angelegt wie die Gänge, zumeist aber auf etwas größerem Raum geplant. Oftmals handelte es sich um Stiftungen wohlhabender Lübecker für Witwen bestimmter Zünfte oder verarmte Frauen. Diese Wohnungen waren meist

◁ *In den für Lübeck typischen Dielenhäusern wurden die Waren in den oberen Etagen gelagert*

⌂ *Eingang zum malerischen Von-Höveln-Gang*

besser ausgestattet und etwas größer als der Wohnraum in den Gängen für die Arbeiter.

Die meisten Gänge und Höfe sind frei zugänglich, werden aber auch noch heute bewohnt. Deshalb sollte jeder Besucher auf die Privatsphäre der Menschen Rücksicht nehmen.

Eine **grundsätzliche Teilung der Innenstadt** bestand schon seit den Anfangsjahren, denn die **Kaufleute** wohnten tendenziell **im Westen** der Stadt rund um die St. Marienkirche ❻, während die **Handwerker** mit ihren Kleinbetrieben vornehmlich **im Osten** bei der St. Aegidienkirche ⓴ siedelten. Die **Seeschiffer** bewohnten die nördliche Zone zwischen Burgtor ⓬ und der St. Jakobikirche ❾, während die **Flussschiffer** im Bereich der Straße An der Obertrave [C5/6] unterhalb der St. Petrikirche ㉓ saßen. Ergänzend gab es noch die **Domherren** rund um den Dom ㉒ im Süden der kleinen Stadt. Auch diese Trennung lässt sich an der unterschiedlichen Ausgestaltung der Häuser und Werkstätten ablesen.

Viele der prächtigen Bürgerhäuser mit ihren fein dekorierten Innenräumen, kunstvollen Außenfassaden und handwerklich sowie künstlerisch wertvollen Eingangsportalen sind heute noch im Originalzustand erhalten. In Lübeck finden sich mehr historische Gebäude aus dem 13. bis 15. Jahrhundert als in jeder anderen norddeutschen Stadt, es sind insgesamt etwa **1800 denkmalgeschützte Gebäude.** Das ist umso bemerkenswerter, als gut ein Fünftel der historischen Altstadt 1942 während des 2. Weltkriegs in einer einzigen **Bombennacht** zerstört wurde. Insgesamt 8500 Bomben zerstörten über 1000 Häuser und fünf der sieben markanten Lübecker Kirchtürme.

## Das Antlitz der Stadt

Nach Kriegsende stand die Frage im Raum, wie man mit den Folgen der Zerstörung umgehen solle. Damit ging eine grundsätzliche Bestandsaufnahme der damaligen Bausubstanz einher – und die fiel nicht besonders gut aus: Ein Drittel der Häuser besaß kein WC und fast zwei Drittel kein eigenes Bad. Dennoch beschloss man einen Spagat. Die Altstadt sollte als Kulturdenkmal erhalten bleiben, gleichzeitig sollten in der Innenstadt Wohnungen und Geschäfte nach neuestem Standard entstehen, aber unter Beibehaltung der alten Bausubstanz. So wurden weitreichende **Sanierungsarbeiten** durchgeführt, an denen sich bis heute private Stiftungen beteiligen. Und diese Handlungsmaxime wurde und wird generell sehr gut umgesetzt, echte **Bausünden** gibt es in der Innenstadt nicht. Wo es notwendig war, wurde komplett neu gebaut, vor allem in den von Bomben komplett zerstörten Gebieten.

Die Lübecker achten schon seit langer Zeit auf ein **stimmiges Stadtbild,** dabei halfen und helfen auch Bestimmungen im Kleinen. So ist beispielsweise für die Dachpfannen rote bzw. braune Farbe vorgeschrieben. Werbeanlagen dürfen nur dezent und auf die Hausfassade abgestimmt eingesetzt werden, grelle Lichter sind verboten (was man übrigens sehr schön bei den vielen Geschäften in der Hüxstraße [D/E5] sehen kann). Über die Jahre entstand auf diese Weise ein architektonisch stimmiges Bild, das dazu führte, dass große Teile der Altstadt in die Liste des UNESCO-Weltkulturerbes aufgenommen wurden.

▷ *Prachtvolle Treppengiebelhäuser spiegeln den Reichtum vieler Lübecker Kaufleute im Spätmittelalter wider*

## Weltkulturerbe der UNESCO

Ein großer Teil der Altstadt wurde 1987 als Weltkulturerbe ausgewiesen. Begründet wurde diese Entscheidung damit, dass Lübeck ein **Gesamtkunstwerk** sei und das Paradebeispiel eines Siedlungsgebiets in der menschlichen Entwicklungsgeschichte darstelle. Prägend seien dabei die Silhouette der Stadt mit den sieben Türmen und der planmäßig angelegte Stadtaufbau mit der im Original erhaltenen Bausubstanz im unzerstörten Teil.

Damit wird aber auch deutlich, dass nicht die gesamte Altstadtinsel als Weltkulturerbe ausgewiesen ist. Der Teil, der 1942 bei dem verheerenden Luftangriff zerstört und mit modernen Gebäuden neu bebaut wurde, bleibt außen vor. Der geschützte Teil wird in drei Großbereiche unterteilt. Die größte Zone umfasst das **Gebiet 1,** das ist der **nördliche und östliche Teil** der Altstadt. Beginnend ab der Fischergrube [C/D3] verläuft die Begrenzung entlang der Straße An der Untertrave bis zum Burgtor ⓬, von dort in südlicher Richtung über die Straße An der Mauer [F5–E6] bis zur Mühlenstraße [D5–E6] und entlang der Königstraße [E3–D5], Pfaffenstraße [E4] und Breiten Straße [D4/5] wieder bis zur Fischergrube.

**Gebiet 2** schützt die südwestliche Altstadt. Die Grenze verläuft vom Holstentor ❷ über die Holstenstraße durch die kleinen Straßen bis zum Dom ㉒ und zurück zum Holstentor entlang der Straße An der Obertrave [C5/6]. **Gebiet 3** ist sehr klein und umfasst die Gegend zwischen Rathaus ❹ und Buddenbrookhaus ❽ einschließlich der St. Marienkirche ❻. Ausgeschlossen sind übrigens die sehr schönen historischen

Häuser im unteren Bereich der Meng-straße ❶, zu denen beispielsweise auch das „Schabbelhaus" gehört.

## Lübecks Bauarchitektur

Auch wenn meist von Lübeck als Ge-samtkunstwerk gesprochen wird und der Besucher in manchen Straßen tatsächlich ein historisches Haus ne-ben dem anderen stehen sieht: Lü-becks Altstadt bietet eine **Vielfalt an Epochenstilen.** Es lohnt sich, einen Blick auf die Vielfalt der einzelnen Stilmerkmale und Details zu werfen. Diese stilistische Vielfalt lässt sich manchmal sogar in einer einzigen Straße bewundern, z. B. in der Gro-ßen Petersgrube [C5].

### Romanik (12. bis 13. Jh.)

Gebäude im Stil der Romanik sind in Lübeck kaum noch zu finden. Es war die Phase, in der umgestellt wur-de von Holz- auf **Backsteinbauweise.** Dadurch wurden die Gebäude wuch-tiger, aber diese Wucht wurde teil-weise durch auffallend zarte Dekore gelockert, vor allem durch **Friese in geometrischen Stilen** (Raute, Kreuz, gerundet).

Erstaunlich zart wirken auch die Rosetten und Schlüssellochbögen, die man heute in Lübeck nur noch am sogenannten Paradies findet, dem nördlichen Eingangsbereich zum Dom ㉒. Durchbrochen wurden die wuchtigen Mauern ansonsten nur von wenigen kleinen Luken oder Fenstern, die oft durch Rundbögen hervorgehoben sind.

### Gotik (13. Jh. bis Anfang 16. Jh.)

In der Phase bis 1520 erlebte Lü-beck einen Bauboom, denn die Ge-schäfte der Hanse-Kaufleute florier-ten. Es floss viel Geld in die Stadt und dieses Geld wurde auch in Gebäude investiert. Ein typisches Stilmittel der Gotik sind **Spitzbögen.** Ein weiteres Element sind langgezogene **Hoch-blenden** als Fensterschmuck. Sie sind meist direkt an der Mauer als kleiner Vorsatz um mehrere, senkrecht übereinanderstehende Fenster gemauert und dienen als Schmuckelemente, die die Fassade senkrecht unterteilen.

Die Häuser bekamen zumeist **Treppengiebel** oder auch vereinzelt Dreiecksgiebel verpasst. Bei Kirchen wurden tragende Mauern durch Rippen, Säulen oder Strebebögen entlastet, sodass größere Fenster eingebaut werden konnten, die mehr Licht ins Innere ließen.

Die **typischen Dielenhäuser** der Kaufleute entstanden. Sie hatten in den oberen Geschossen einen Lagerraum mit spitzbogigen Doppelluken, durch die die Ware per Flaschenzug hineinbefördert wurde, nachdem sie zuvor unten in der Diele (daher auch der Name) zwischengelagert worden war. Unten im Erdgeschoss befanden sich u. a. die Kontore, gewohnt wurde im Hinterhof.

### Markante Baubeispiele

> **Depenau 33** (mit Treppengiebel und gotischen Spitzbögen)
> **Große Petersgrube 11** (mit heute zugemauerten gotischen Doppelluken)
> **Hundestraße 94** (Treppengiebel, gotische Spitzbögen)
> **Koberg 10 / 11** (Dreiecksgiebel, gotische Fensterbögen)
> **Königstraße 30** (Dielenhaus mit Treppengiebel und Spitzbögen)

### Renaissance (16. bis 17. Jh.)

Die Epoche der Renaissance („Wiedergeburt") bedeutete eine Rückbesinnung auf antike Formelemente. In Lübeck wurden in dieser Phase nur wenige neue Häuser gebaut, stattdessen verschönerte man bereits vorhandene Gebäude im Sinne des Zeitgeschmacks. So fielen die Veränderungen deutlich geringer aus als in

Südeuropa, vor allem weil weiterhin Backstein als Baumaterial benutzt wurde. Am prägnantesten ist wohl die Abwendung von der senkrechten Gliederung der Fassade, wie es für die Gotik typisch ist. Nun wurden die **Fassaden mit waagerechten Elementen gegliedert**, z. B. mit Gesimsen oder versetzten Fensterreihen. Oft wurden dazu lediglich vorhandene Fenster verbreitert oder ehemalige Bodenluken zu Fenstern umgestaltet.

In dieser Zeit tauchen auch Kreisblenden über dem Fenster oder **Fensterschmuck** aus gebranntem Ton in Form von Wappen, Masken oder ganzen Bildern auf. Hier tat sich besonders Statius von Düren hervor (ca. 1520 bis ca. 1570), der in Lübeck eine Werkstatt betrieb und Bildnisse oder Formen aus Terrakotta fertigte und diese teilweise sogar in Serie herstellte.

Ein weiteres Merkmal der Renaissance waren **Jahreszahlen aus Eisen**, sogenannte „Jahresanker". Viele Häuser erhielten **Portale oder Fensterumrahmungen aus Sandstein** und es entstanden auch einige **Fachwerkhäuser** mit Holzschnitzereien am Fachwerk, die ein vorstehendes Obergeschoss aufwiesen.

### Markante Baubeispiele

> **Engelsgrube 43** (im Bäckergang Fachwerkhaus)
> **Depenau 31** (waagerechte Gesimse, Fassadenschmuck)
> **Fleischhauerstraße 25** (Terrakotta-Fries)

▷ *Zurückhaltende barocke Formen: Haus mit Schweifgiebeln*

> **Hartengrube 20** (Fachwerkhaus mit Holzschnitzereien)
> **Mengstraße 27** (Terrakotta-Fries)
> **Mengstraße 50** (Gesimse, flache Fensterbögen, Fassadenschmuck)
> **Musterbahn 3** (Fassadenschmuck mit Terrakotta-Fries am Statius-von-Düren-Haus)
> **Rathaustreppe** an der Breiten Straße (aus importiertem Sandstein)

## Barock (17. Jh. bis etwa 1750)

Barocke Formen sind im Allgemeinen wuchtig, ausladend, ausschweifend, fallen in Lübeck jedoch insgesamt norddeutsch-zurückhaltend, fast „nüchtern" aus. Allzu viel wurde in diesem Zeitraum nicht gebaut, häufig lediglich Fassaden umgestaltet. Bestimmende Merkmale sind im Gegensatz zu den bislang vorherrschenden Treppengiebeln nunmehr **Schweifgiebel** mit eher runden oder ovalen Fenstern und spiralförmigen Verzierungen als Schmuck am Giebel. Außerdem tauchen Quader als Fassadenschmuck (im Bereich des Erdgeschosses) und vorspringende **Mauerabschnitte (Risalite)** auf, die meist senkrecht über die gesamte Fassade verlaufen. Insgesamt ist aus dieser Phase nicht sehr viel erhalten geblieben.

### Markante Baubeispiele

> **Buddenbrookhaus** ❽ (Barockfassade)
> **Große Petersgrube 21** (mit Mittelrisalit)
> **Glockengießerstraße 6** (Barockfassade im Backstein)
> **Glockengießerstraße 42** (Fassade)
> **Königstraße 19** (Quaderoptik)

## Rokoko (18. Jh.)

Der Rokokostil zeigt sich leichter und verspielter vor allem mit **schmückenden Ornamenten.**

### Markante Baubeispiele

> **Königstraße 81** (komplett erhaltenes Haus aus dem Jahr 1773 im Rokoko-Stil, das prächtigste Beispiel in Lübeck)

## Klassizismus (Ende 18. Jh. bis Mitte 19. Jh.)

Lübeck ist zu dieser Zeit von den Franzosen besetzt, der Seehandel ist eingeschränkt, es wird nicht so ausgiebig investiert. Der Baustil wird **strenger und klarer,** Häuser haben einen waagerechten Abschluss, manche bekommen eine Apsis. Man besinnt sich außerdem der antiken Stilelemente. Gebäude werden mit Figuren der griechischen Mythologie oder mit Balustraden geschmückt, die Fassaden erhalten eine Quaderoptik oder auch zartere Dekore mit Blumen oder Kränzen.

026ik Abb.: sm

### Markante Baubeispiele

> **Königstraße 11** (das Behnhaus ⓯, u. a. mit Figurenschmuck auf dem Dach)
> **Koberg 4** (Säulen, Quaderoptik)
> mehrere Häuser in der **Königstraße**, niedrige Hausnummern

## Uuuund Äktschen – Lübeck als Filmstadt

*Zuletzt 2008 zeigte sich die Lübecker Altstadt als ganz große Kinokulisse. Heinrich Breloer verfilmte den Thomas-Mann-Roman „Die Buddenbrooks", natürlich vor und in Lübecks Straßen, Plätzen und Häusern. Und so rumpelten Pferdekutschen auf Kopfsteinpflaster durch (authentische) Gassen und vor (nicht authentischen) Mauerattrappen, schlenderten die reichen Kaufleute über einen Markt vor dem (abgesperrten und mit Sichtschutz versehenen) Holstentor. Alles sehr schön und historisch gut getroffen, kein Wunder bei dieser Kulisse …*

*Und deshalb war es auch nicht das erste Mal, dass Lübeck als Filmkulisse diente. Schon 1923 entstand ein erster Stummfilm zu den „Buddenbrooks", der teilweise in Lübeck gedreht wurde. 1959 folgte dann eine erneute Verfilmung in Lübeck, u. a. mit Hansjörg Felmy, Nadja Tiller, Liselotte Pulver und Gustav Knuth. 1979 wurde eine elfteilige Serie zum Buch ausgestrahlt, die aber nur teilweise in Lübeck entstand. 1964 wurde ein weiterer Roman von Thomas Mann in Lübeck filmisch umgesetzt: „Tonio Kröger". 2001 entstand der dreiteilige Film „Die Manns", der sich mit der Familie um Thomas und Heinrich Mann und deren Geschichte befasst. Gedreht wurde auch dafür teilweise in Lübeck.*

*Aber es entstanden in Lübeck nicht nur Filme rund um den Dichterfürsten Thomas Mann. Sieben Jahre lang spielte beispielsweise die Ärzteserie „Freunde fürs Leben" in Lübeck, die aber meist im Studio aufgenommen wurde. Lange lief auch die Krimiserie „Das Duo" im ZDF, in der zwei weibliche Fahnder in Lübeck auf Verbrecherjagd gehen.*

### Spätere Epochen

Im späten 19. und 20. Jahrhundert kamen kaum neue Baustile hinzu. Häufig wurden bei Neubauten eher die **alten Baustile imitiert** und ein Haus beispielsweise im gotischen Stil errichtet, was vor allem beim Bau offizieller Gebäude zu einer Rückbesinnung auf die mittelalterliche Bauweise führte, so etwa beim Gerichtsgebäude in der Großen Burgstraße 4–14, das im 19. Jahrhundert entstand, aber gotisch aussieht, oder bei der Turnhalle in der Mühlenstraße 74.

Bei manchen Häusern vermischten sich auch die Stile. So sind bei einem Haus in der Beckergrube 38–42 sowohl Elemente der Gotik als auch der Renaissance zu finden. Das Gebäude in der Breiten Straße 6–8 wiederum vermischt Gotik (Spitzbogen) und Klassizismus (Giebel).

Eine Ausnahme bildet der **Jugendstil** (1890–1910), der in Lübeck allerdings eher vermischt auftritt, vor allem in Vorortvillen. In der Innenstadt finden sich Jugendstilelemente im Inneren des Stadttheaters oder am Gebäude in der Mühlenstraße 21.

Auch der **Klinkerexpressionismus** der 1920er-Jahre findet sich in Lübecks Baukultur. In Hamburg wurden ganze Stadtteile fast ausschließlich in diesem Stil errichtet, in Lübeck sind es nur Ausnahmen, die aber auch in der Innenstadt zu finden sind, beispielsweise beim Gebäude Kaufhaus Klingenberg in der Sandstraße 24–28 oder der Handelshof am Bahnhof, heute das Treff Hotel (s. S. 124).

# Von den Anfängen bis zur Gegenwart

*Eine frühere Siedlung, auch „Alt-Lübeck" genannt, befand sich an benachbarter Stelle seit wenigstens 819. Diese wurde später zerstört und Lübeck auf einer Insel, also an neuerer und sicherer Stelle, 1159 gegründet. Und da steht sie noch heute. Die Gründung liegt also historisch betrachtet nicht allzu weit zurück. Allerdings hatte sich Lübeck im Gegensatz zu vielen anderen Siedlungen äußerst schnell zu einer wichtigen Handelsmetropole aufgeschwungen und hielt diese Stellung über viele Jahrhunderte.*

Es dauerte nach der Gründung kaum 150 Jahre und der Hauptsitz der damals wichtigen Vereinigung der Kaufleute, die **Hanse**, errichtete ihren **Sitz in Lübeck**. Damit gewann die kleine Stadt enorm an Gewicht. Die Lübecker Kaufherren handelten im Ostseeraum mit Gott und der Welt und schufen so beträchtliche Vermögen. Dies festigte wiederum die Stellung Lübecks. Und dennoch spielte die Stadt in der großen Weltpolitik keine entscheidende Rolle.

Von Kriegen blieb die Hansestadt weitgehend verschont. Während beispielsweise im Dreißigjährigen Krieg ganze Landstriche und sehr viel größere Städte verwüstet wurden, ging dieser Kelch an Lübeck vorbei. Allerdings wurden große Teile von Lübeck und leider auch der Altstadt während des 2. Weltkriegs in einer **Bombennacht** (1942) zerstört, darunter der Dom ㉒, die St. Marienkirche ➏ und die St. Petrikirche ㉓. Viele Gebäude wurden jedoch wieder aufgebaut.

Lübeck verlor 1937 seinen Status als freie Stadt und wurde in die damalige preußische Provinz Schleswig-Holstein integriert, aus der nach dem Krieg das gleichnamige Bundesland hervorging. Landeshauptstadt ist Kiel, obwohl deren Geschichte ja „nur" bis 1233 zurückreicht, wie mancher Lübecker Hanseat spitz anmerkt. Trotzdem werden dort jetzt Entscheidungen für das ganze Bundesland getroffen, also auch für Lübeck.

Das geht nicht immer frei von **Konflikten** ab, vor allem wenn mal wieder an einer Lübeck betreffenden Stelle gespart werden soll. So beispielsweise 2010, als in Kiel beschlossen wurde, im Rahmen eines landesweiten Sparpakets den Medizin-Studiengang der Uni Lübeck zu schließen. Sofort hagelte es heftige Proteste, sogar am altehrwürdigen Holstentor hing monatelang ein unübersehbares gelbes Protestbanner mit der Aufschrift „Lübeck kämpft für seine Uni" – am Ende sogar erfolgreich. Hilfe kam von der Bildungsministerin aus Berlin, nicht aus Kiel. Das hat zwar kurzfristig die Wogen etwas geglättet, dürfte aber doch nachwirken.

## Chronologische Übersicht

**7.–8. Jh.** Slawische Stämme wandern in das Ostseegebiet ein.

**819** Eine erste Burg wird an der Mündungsstelle des Flusses Schwartau in die Trave errichtet, etwa 7 km vom heutigen Lübeck entfernt. Sie trägt später den Namen „Liubice".

**11. Jh.** Kaufleute siedeln bei Liubice.

**1138** Ein feindlicher Stamm zerstört die Burgsiedlung.

**1143** Graf Adolf II. von Schauenburg und Holstein lässt eine neue Siedlung an der Trave gründen.

**1159** Nachdem ein Feuer die Siedlung 1157 zerstört hat, wird Lübeck von Heinrich dem Löwen auf einem Hügel

## Die slawische Zeit von Alt-Lübeck

*Aus den ersten Jahrhunderten nach Christi Geburt liegen kaum Erkenntnisse über die Historie Schleswig-Holsteins vor. Erst mit dem **7. und 8. Jahrhundert** wird das Geschichtsbuch von Schleswig-Holstein aufgeschlagen, dann wanderten **slawische Stämme** ein. Vor allem Abodriten kamen, aber auch Polaben und Wagrier. Die **Wagrier** siedelten sich in Starigard an, dem heutigen Oldenburg, einer Stadt unweit nördlich von Lübeck. Aber nicht nur dort, eigentlich besiedelten sie ganz Ostholstein (das Gebiet im Hinterland von Lübeck), weshalb die Gegend auch heute noch teilweise „Wagrien" genannt wird. Die Polaben verblieben überwiegend südlich der Trave, die Abodriten im Mecklenburger Bereich.*

*Die Slawen lebten überwiegend in kleinen Gemeinschaften bzw. Dörfern, die sich immer um eine Burg gruppierten. Etwa **50 Burgen** konnte die Wissenschaft lokalisieren, eine dieser Burgen war jene von Starigard. Sie bestanden zumeist nur aus riesigen Erdwällen mit einem massiven Tor, der Durchmesser betrug vielleicht 100 Meter. Wenn möglich, wurden natürliche Gegebenheiten wie Seen und Sümpfe als Schutz genutzt. Holzpalisaden sicherten die Erdwälle zusätzlich ab.*

*Auch im restlichen Schleswig-Holstein siedelten Menschen: in der nördlichen Hälfte die dänischen Wikinger, im westlichen Teil Sachsen. Natürlich ging das nicht friedlich ab, sodass um 810 eine Grenze gezogen wurde, der „Limes Saxoniae", der **Sachsenwall**. Er trennte das östliche slawische Gebiet vom westlich-sächsischen. Der Verlauf orientierte sich an der Topografie und führte in etwa von der Kieler Förde entlang den Flüssen Schwentine, Trave und Delvenau hinunter nach Süden bis Boitzenburg an der Elbe. Trotz dieser Grenze blieb es nicht ruhig im Lande, kriegerische Auseinandersetzungen und Missionierungsversuche folgten.*

*819 wurde an der Mündung der Schwartau in die Trave eine Burg errichtet. Sie lag etwa 7 km nordöstlich der heutigen Stadt Lübeck und wird auch einfachheitshalber „Alt-Lübeck" genannt. Offizieller Name war **Liubice** („die Liebliche"), aus der sich der heutige Name Lübeck ableitet.*

*Etwa 150 Jahre später regierte in Starigard der Markgraf Hermann Billung. Dieser sorgte dafür, dass **Starigard-Oldenburg 968 erster Bischofssitz im slawischen Gebiet** wurde. Die Antwort der heidnischen Slawen ließ nicht lange auf sich warten. 983 erhoben sich die verbündeten Slawen, zerstörten Kirchen und töteten die Missionare.*

*Weitere Versuche der Christianisierung folgten, sogar durch einen der ihren, den **Slawenfürsten Gottschalk** (um 1000 bis 1066). Dieser war christlich erzogen, kämpfte mit den dänischen Wikingern und wurde schließlich Oberhaupt der slawischen, aber christlich orientierten Nakoniden, die in Mecklenburg residierten. Von dort versuchte Gottschalk, auch Wagrien zu christianisieren. So wurde in seiner Regentschaft Alt-Lübeck ausgebaut.*

*Aber auch Gottschalks Glück hielt nicht lange. Nachdem 1066 sein Förderer Erzbischof Adalbert von Bremen gestürzt worden war, erschlugen ihn heidnische Slawen. Anschließend zogen die slawischen Krieger plündernd in nördlicher Richtung bis Haithabu (beim heutigen Schleswig gelegen) zu den Wikingern.*

*Gottschalks Sohn Heinrich gelang es erst um 1090, die Gemüter zu beruhigen. Er verlegte seinen Fürstensitz schließlich nach Alt-Lübeck, wo es trotz der slawischen Bedrohung eine kleine christliche Gemeinde gab. Außerdem siedelten sich dort erste Kaufleute an, die Ostseehandel betrieben – Vorläufer der späteren hanseatischen Kaufmänner. Wagrien blieb weiter vorerst un-christianisiert. 1127 überfielen die Slawen zum letzten Mal umliegende Orte, u. a. auch Alt-Lübeck.*

*Bereits 1111 betraten die **Schauenburger Grafen** Holsteins Bühne. Adolf I. bekam in jenem Jahr Holstein und Stormarn als Lehen zugesprochen. Dagegen erhoben sich zunächst die Slawen, dann rächten sich die Holsteiner und verwüsteten 1138 Wagrien. Sogar Alt-Lübeck musste daran glauben und wurde an anderer Stelle neu aufgebaut. Aus dieser „Neugründung" entwickelte sich dann die heutige Hansestadt Lübeck.*

*Adolf ließ nun das Gebiet der störrischen Wagrier planmäßig **besiedeln und christianisieren.** Aus dem ganzen Land wurden Bauern gezielt angeworben, in Ostholstein zu siedeln. Den slawischen Bewohnern blieb nichts weiter übrig, als sich langsam zu assimilieren. In Folge dieser Entwicklung traten sie im Lauf der Zeit als eigenständiger Stammesverband von der geschichtlichen Bühne ab.*

zwischen Trave und Wakenitz neu gegründet.

**1160** Bischof Gerold verlegt seinen Sitz von Oldenburg/Holstein nach Lübeck, Grundsteinlegung des Doms **22**.

**1170–1180** Johanniskloster und Aegidienkirche **20** werden erstmals erwähnt.

**1188** Kaiser Friedrich I. Barbarossa verleiht Lübeck Handelsprivilegien.

**Ende 12. Jh.** Lübecker Kaufleute bauen Handelsbeziehungen nach Dänemark und in das Baltikum auf.

**1201** Erstmals werden in Lübeck Ratsleute gewählt. Diese Tradition endet erst 1997.

**1226** Kaiser Friedrich II. bestätigt die von Friedrich I. gewährten Privilegien und ergänzt diese u. a. um Sicherheitsbestimmungen im Fernhandel. Lübeck wird zur freien Reichsstadt ernannt.

**Mitte 13. Jh.** Lübeck weitet seine Handelsbeziehungen nach Hamburg, England und Flandern aus und sichert seine Handelsbeziehungen und den Warenverkehr mit den dortigen Herrschern durch Verträge ab.

Zweimal zerstören Brände Teile der Stadt, deswegen verlangt eine neue Bestimmung, dass Gebäude aus Backstein gebaut werden müssen. St. Petri- **23** und St. Marienkirche **6** entstehen.

**1286** Das Heiligen-Geist-Hospital **14** wird gebaut.

**1293** Lübeck wird Oberhof (höchste Rechtsinstanz) der norddeutschen Handelsstädte, getagt wird im Rathaus **4**.

**Anfang 14. Jh.** Lübeck ersteht das an der Ostsee gelegene Dorf Travemünde und die Fähren dorthin. Damit sind sowohl der Land- als auch der Wasserweg zur Ostsee gesichert.

**Mitte 14. Jh.** Zweimal fallen große Teile der Lübecker Bevölkerung der Pest zum Opfer.

**1356** Der 1. Hansetag findet in Lübeck statt. Die Hanse hat für die Kaufmann-

## Von den Anfängen bis zur Gegenwart

schaft die Funktion einer Art Schutzgemeinschaft (Exkurs s. S. 51).

**Ende 14. Jh.** Piraten („Vitalienbrüder" um Klaus Störtebeker) treiben ihr Unwesen in der Ostsee und attackieren vor allem Schiffe der Hanse-Kaufleute.

**Anfang 15. Jh.** Handwerker fordern und erhalten Macht. Sie werden am Rat der Stadt beteiligt, der bislang nur aus Kaufleuten bestand.

**1477** Das Holstentor ❷ wird gebaut.

**um 1530** Die neue evangelische Religionslehre fasst in Lübeck Fuß.

**1580** Nach siebenjähriger Bauzeit sind die Wallanlagen vollendet.

**1669** Der letzte Hansetag findet in Lübeck unter Teilnahme von nur noch neun Städten statt. Die Hanse löst sich auf, Lübeck übernimmt neben Hamburg und Bremen den Schutz der verbliebenen ausländischen Kontore.

**1732** Erstmals wird eine Straßenbeleuchtung eingerichtet.

**1802** Travemünde wird als dritter Ort nach Norderney und Heiligendamm Seebad.

**1806** Französische Truppen besetzen Lübeck, 1807 wird die Stadt sogar Bestandteil des französischen Kaiserreichs.

**1813** Lübeck wird durch russische Truppen befreit, vier Monate später aber erneut französisch besetzt. Endgültige Vertreibung der Franzosen im Dezember.

**1825** Dampfschiffe verkehren regelmäßig zwischen Lübeck und Kopenhagen, drei Jahre später startet eine regelmäßige Verbindung nach St. Petersburg.

**1851** Die Eisenbahnverbindung Lübeck–Büchen wird fertiggestellt. Damit hat Lübeck Anschluss an die Strecke Hamburg–Berlin und somit an das gesamte deutsche Schienennetz.

*▷ Restaurierte oder nachgebaute Hanse-Koggen befahren an manchen Tagen noch heute die Ostsee*

**1864** Aufhebung der obligatorischen nächtlichen Torsperre

**1866** Lübeck tritt dem Norddeutschen Bund bei.

**1868** Lübeck wird Mitglied im Deutschen Zollverein.

**1870** Bahnverbindung nach Bad Kleinen, drei Jahre später wird die Strecke nach Eutin in die Holsteinische Schweiz eröffnet.

**1871** Das Deutsche Reich wird gegründet und Lübeck selbstständiger Bundesstaat.

**1882** Eröffnung der Bahnlinie nach Travemünde

**1900** Der Elbe-Trave-Kanal ist fertiggestellt. Die Landverbindung vor dem Burgtor ⓬ wird durchstochen und die Lübecker Innenstadt damit endgültig zur Insel.

**Anfang 20. Jh.** Die Industrialisierung erfasst auch Lübeck. Immer mehr Menschen siedeln sich in der Stadt an, die Bevölkerungszahl steigt auf über 100.000.

**1913** Travemünde wird (verwaltungstechnisch) zu einem Stadtteil von Lübeck.

**1918** Nach Zusammenbruch des Kaiserreichs findet wie in Kiel auch in Lübeck ein Matrosenaufstand statt, es kommt jedoch zu keinen revolutionären Verwerfungen. Ende des Jahres wird das nicht mehr zeitgemäße Wahlrecht zur Bürgerschaft reformiert.

**1933** Die NSDAP übernimmt die Macht, die Bürgerschaft wird abgesetzt, ein Zahnarzt von den Nazis als Bürgermeister eingesetzt.

**1937** Die Nazis beenden nach 711 Jahren Lübecks Reichsfreiheit, die Stadt wird der preußischen Provinz Schleswig-Holstein zugeschlagen.

**1942** Alliierte Bomber zerstören in der Nacht zum 29. März etwa ein Fünftel der Altstadt.

**1945** Am 2. Mai besetzen britische Truppen die Stadt, sowjetische Truppen besetzen das benachbarte Mecklenburg.

## Die Hanse, Europas erste Wirtschaftsgemeinschaft

*„Europe's first Common Market" - so charakterisierte einst die Zeitschrift „National Geographic" die Hanse. Das ist nicht einmal übertrieben, gleichwohl bleibt faszinierendes Staunen, sobald man sich mit der Hanse etwas genauer befasst. Immerhin war die Hanse nur ein **loser Städteverbund** ohne gemeinsame Verwaltung, Kasse und militärische Macht im Hintergrund. Wie konnte sie also zur dominierenden Wirtschaftsmacht des späten Mittelalters aufsteigen?*

*Im 12. Jh. wurden im Ostseeraum verschiedene Städte gegründet, zunächst Lübeck, später Rostock, Danzig, Reval (das heutige Tallinn) und weitere. Schnell blühte der Handel zwischen diesen Orten. Die Kaufleute schlossen sich zusammen, fuhren gemeinsam von einem Ort zum nächsten, kauften fremde Waren ein und transportierten sie nach Hause. Sie bildeten eine „Schar" oder „Gemeinschaft", auf Althochdeutsch eine „Hanse" eben.*

*Damals war die schwedische Insel Gotland Hauptumschlagplatz für Waren aus Russland. Daher mussten alle Kaufleute nach Visby, Gotlands Inselhauptort, fahren und dort Waren einkaufen. Schnell kam den findigen Kaufleuten der Gedanke, gleich ein Büro, ein **Kontor,** wie es damals hieß, vor Ort in Visby einzurichten, um ständig präsent zu sein. So konnte man Ware zu jeder Zeit aufkaufen und per Schiff nach Lübeck transportieren. Da das so gut funktionierte, wurden weitere Kontore in Nowgorod, in Schweden, später in Brügge und London errichtet - die Hanse in ihrer neuen Funktion war geboren.*

*1161 wurde in Visby die „Genossenschaft der deutschen Gotlandfahrer" gegründet, später nannte man*

027lk Abb.: sm

sich *„Hanse Alemaniae"*, etwa *„deutsche Schar"*, aus der dann kurz und knapp die *„Hanse"* wurde. Es dauerte nicht lange, bis an allen wichtigen Handelsplätzen Leute der Hanse saßen. Anfang des 14. Jahrhunderts war die Hanse die führende Handelsmacht in Europa, ihr Netz umfasste Kontore von London bis ins Baltikum und ins russische Nowgorod und im Norden hoch bis Bergen im heutigen Norwegen. Die *„Hanseaten"* verdrängten alteingesessene Kaufleute und trotzten den Regenten **Sonderrechte** ab: Sicherheit für die Kaufleute und ihre Waren und vor allem ermäßigte Zölle.

Gehandelt wurde mit den jeweiligen Hauptprodukten der einzelnen Länder: Pelze aus Russland, Kupfer und Eisen aus Schweden, Heringe aus Dänemark, Stockfisch aus Norwegen, Stoffe und Tuche aus Flandern und England, Wein und Salz aus Südfrankreich. Transportiert wurde dies alles mit speziellen Schiffen, den **Hanse-Koggen,** kleinen, bauchigen Schiffen von knapp 20 m Länge. Zeitweise sollen an die 1000 Koggen die Ostsee frequentiert haben. Eine Nachbildung liegt heute im Lübecker Museumshafen ⑪. Heutige Experten beurteilen diese Schiffe übrigens ziemlich kritisch. So zitierte der „Spiegel" einen Kieler Bootsbaumeister, der über eine vier Jahre getestete Nachbildung urteilte: „Es waren lecke Kisten mit haarsträubenden Konstruktionsmängeln."

Gleichwohl beherrschte die Hanse mit ihren Koggen die Ostsee und Teile der Nordsee. Eine fahrplanmäßige **Handelsroute** lag bereits im 13. Jahrhundert fest: Nowgorod - Reval - Visby - Lübeck - Hamburg - Brügge - London und zurück. Jahrzehntelang hielt dieser lose Städtebund, Probleme und Bündnisse wurden auf einem sogenannten **Hansetag** beratschlagt, der ab 1356 in unregelmäßigen Zeitabständen stattfand. Bereits 1293 wanderte das Oberste Hansegericht von Visby nach Lübeck. Um 1400 hatte die Hanse ihren Höhepunkt erreicht, knapp 200 Städte gehörten damals dem Verbund an. Aber sie hatte auch ein riesiges Problem: Piraterie.

Etwa zwischen 1370 und 1398 war die **Ostsee** ein **beliebtes Piratenrevier.** Überfallen wurden alle Schiffe, die Erträge versprachen, besonders die dickbauchigen Koggen der Hanse. Mal agierten die Seeräuber auf eigene Faust, mal in staatlichem Auftrag mit einem Kaperbrief. Eine Chronik berichtet, dass im Jahr 1394 an die 2000 Piraten mit 100 Schiffen die Ostsee unsicher machten. Dabei handelte es sich um eine bunte Mischung aus armen Seeleuten, Kriminellen und sogar verarmten Adligen. Sie alle schlossen sich zur Gruppe der Liekedeeler, der „Gleichteiler", zusammen. Der gefürchtetste und berüchtigtste Anführer hieß Gödeke Michels und eine Art Unteroffizier war Klaus Störtebeker.

Zunächst operierten die Piraten in der Ostsee, wobei sie ein Machtvakuum der dänischen und schwedischen Könige ausnutzten. Ein kompliziertes Geflecht von Thronfolgestreitigkeiten, Intrigen, verwandtschaftlichen Beziehungen und Machtgier ließ Dänen, Schweden und Mecklenburger streiten. Die Mecklenburger, unterstützt von der Hanse, gaben grünes Licht für seeräuberische Attacken. Die so erzielte Beute wurde später ganz offiziell auf den Märkten von Wismar und Rostock verkauft. Doch nachdem Frieden geschlossen worden war, waren die Piraten immer noch da. Jetzt waren die Schiffe der Hanse das Ziel der Seeräuber, immerhin versprachen die Koggen fette Beute.

Eine Zeit lang war Gotland (Schweden) das Stammquartier der Piraten. Doch schon bald war die Geduld der Lübecker Kaufleute aufgebracht: Am 21. März 1398 vertrieb ein schlagkräftiges Heer des Deutschen Ordens die Piraten von Gotland und damit endgültig aus der Ostsee. Sie zogen sich daraufhin in den Nordseeraum zurück, wo sie zunächst bei ostfriesischen Häuptlingen unterkommen konnten. Später verlegte Störtebeker seine Operationsbasis nach Helgoland. Die Lübecker hatten ihre Ruhe, aber nun wurden die Hamburger Kaufleute heimgesucht. Diese organisierten schließlich eine Flotte, die die Piraten dingfest machen sollte. Und so geschah es: Störtebeker und 73 Spießgesellen wurden vor Helgoland gefangen genommen, nach Hamburg gebracht und am 19. Oktober 1401 einen Kopf kürzer gemacht.

Anscheinend haben die Hamburger „ihrem" Piraten Störtebecker verziehen. Immerhin steht heute ein Denkmal ihm zu Ehren mitten im neuen Hamburger Stadtteil „HafenCity" - genau an jener Stelle, an der Störtebecker und etliche seiner Kameraden hingerichtet wurden.

Die Hanse hatte sich zu einem mächtigen Städtebund entwickelt, und das ohne Heer und damit ohne entscheidende militärische Druckmittel. Dieser Umstand erwies sich in der Folgezeit als Schwäche, denn die Städte wurden politisch immer mächtiger, kontrollierten die Hansekontore genauer und beschnitten sogar die Privilegien der Hanseaten. Die aufstrebende Entwicklung süddeutscher Kaufleute (z. B. der Familie Fugger), die massiv in den Handel eingriffen, war ein weiterer Faktor. Der **Niedergang** begann schleichend um 1500.

Auch in Folge der Entdeckung des Neuen Kontinents in Übersee (Amerika) verlagerten sich viele Handelsströme, neue Mächte (Spanien, England) mischten im großen Stil im Handel mit. Schließlich verschärfte der Dreißigjährige Krieg die Krise der Hanse, alle Städte kämpften um ihr Überleben. Der lose Bund löste sich langsam auf.

1669 fand in Lübeck der letzte Hansetag statt, an dem nur noch neun Städte teilnahmen. Ohne besondere Beschlüsse ging man auseinander, die Hanse war erledigt. Drei Städte versuchten noch eine Fortsetzung: Lübeck, Hamburg und Bremen, aber auch das funktionierte nicht sonderlich gut. Geblieben ist nicht mehr viel. Im Autokennzeichen dieser drei Städte findet man heute als schmückenden Zusatz jeweils den Buchstaben H, er steht für die stolze Vergangenheit als „Hansestadt".

Seit 1980 finden die Hansetage der Neuzeit statt. Sie werden alljährlich an einem anderen Ort veranstaltet. 2014 richtet Lübeck vom 22. bis zum 25. Mai die Festivitäten aus. Viele internationale Gäste kommen, es findet ein Mittelaltermarkt statt, Traditionssegler liegen im Hafen und es gibt ein breites Kulturprogramm.

**ab 1949** Beginn des Wiederaufbaus der zerstörten Altstadt

**1949** Die sowjetisch besetzte Zone wird zur DDR. Die neue Staatsgrenze zur Bundesrepublik Deutschland verläuft ein Stück entlang der Trave und damit unmittelbar neben der zu Travemünde gehörenden Halbinsel Priwall. Diese ist damit nicht mehr auf dem Landweg erreichbar, sondern nur noch per Fähre.

**1953** Aufnahme der Fährverbindung von Travemünde nach Schweden und ab 1977 auch nach Helsinki

**1960** Der Viermaster Passat ㉙ legt in Travemünde an und liegt dort bis heute. Im selben Jahr wird ein Grenzübergang zur DDR bei Schlutup eröffnet.

**1987** Die UNESCO erklärt Teile der Lübecker Altstadt zum Weltkulturerbe.

**1989** Am 9.11. werden die DDR-Grenzen geöffnet, Tausende von Ostdeutschen strömen nach Lübeck.

**2005** Einweihung des privat finanzierten Herrentunnels unterhalb der Trave nach Travemünde, die alte Herrenbrücke wird demontiert.

**2007** Die Pamir-Kapelle in der St. Jakobikirche ❾ wird „Nationale Gedenkstätte für die zivile Seefahrt."

**2010** Der Medizinstudiengang der Uni Lübeck soll geschlossen werden. Nach heftigen Protesten nimmt man Abstand von diesem Plan.

**2012** Baubeginn des Europäischen Hanse-Museums ⓭.

**2013** Bei den Kommunalwahlen kommt es zu einem Stimmenpatt, die großen Parteien müssen sich Koalitionspartner suchen. U. a. zieht auch „Die Partei" eines Satirikers in die Bürgerschaft ein – mit einem einzigen Sitz.

# Leben in der Stadt

*Wenn ein Schleswig-Holsteiner Besuch von auswärts bekommt, fährt er mit ihm nach Lübeck. Dann zeigt er voller Stolz seinem Gast die schöne Hansestadt. Gelegentlich macht das sogar die Kieler Landesregierung, heißt es jedenfalls. In Kiel wird regiert, mit Lübeck dagegen wird repräsentiert. Aber mit dem Regieren, besser gesagt: mit dem Regiertwerden, können die Lübecker immer noch nicht richtig umgehen. Kein Wunder, waren sie doch ab 1226 sagenhafte 711 Jahre frei und unabhängig.*

Damals ernannte ein deutscher Kaiser Lübeck zur freien Reichsstadt. Diesen Status verlor Lübeck erst 1937 während der Naziherrschaft. Kaum waren die Nazis verschwunden, stellte die Lübecker Bürgerschaft einen Antrag beim Parlamentarischen Rat, eine Volksabstimmung abhalten zu können mit dem Ziel, die Eigenstaatlichkeit wieder herzustellen. Abgelehnt! Dennoch unternahmen die Lübecker noch zwei weitere Versuche (1949 und 1956), die aber ebenfalls abgelehnt wurden. Danach fügte man sich still in sein Schicksal. Seitdem wird die einstige „Königin der Hanse" aus Kiel regiert.

Um echte Eigenständigkeit bemüht sich niemand mehr, aber eine Spur

**EXTRATIPP**

**Der Wissenschaftspfad**
Lübeck trug 2012 den Titel „**Stadt der Wissenschaft**". Begleitend wurde ein Wissenschaftspfad quer durch die Altstadt eingerichtet. An zehn Stationen werden zwischen Dom ㉒ und Burgtor ⓬ naturwissenschaftliche Phänomene dargestellt, die jeder unmittelbar selbst nachvollziehen kann.

❯ www.hanse-trifft-humboldt.de/ wissenschaftspfad

028lk Abb.: sm

**Eigensinn** hat man doch behalten. Das Stadtparlament heißt hier „Bürgerschaft" und die Stadträte werden „Senatoren" genannt – genauso wie es die Stadtstaaten Hamburg und Bremen handhaben. Aber Lübeck ist kein Stadtstaat, sondern „nur" eine von vier kreisfreien Städten in Schleswig-Holstein. Und als solche dürfte sie auch einen Oberbürgermeister haben. Hat sie aber nicht, mit hanseatischem Understatement begnügt man sich mit einem einfachen Bürgermeister. Das hat Tradition und die ist eben wichtiger.

Tradition ist es auch, dass ein ausgeschiedener Bürgermeister von sich ein Gemälde anfertigen lassen kann, dass dann in den Gängen des Rathauses hängt. Man hat eben Respekt vor dem Amt. Aber auch nicht zu viel Respekt, wie der Fall zweier Bürgermeister belegt, die, weil die Lübecker an ihrer Amtsführung etwas auszusetzen hatten, einen Kopf kürzer gemacht wurden. Dies zeigt aber auch, wie stolz und mächtig die Lübecker sich immer schon gefühlt haben. Man war so **stolz und selbstsicher,** dass man ein Bildnis der Göttin Justitia ohne Augenbinde anfertigen und es am Eingang zum Obergericht der Hanse platzieren ließ. Die Lübecker fürchteten eben nichts und niemanden und waren sich ihrer Sache sicher.

Immerhin hatten sie beträchtlichen **Wohlstand** angehäuft, der aber **nicht offensiv zur Schau gestellt** wurde. Das Geld blieb in der Familie und diese reichen Familien hatten einen großen Einfluss, stellten Bürgermeister und Senatoren, formten das politische Geschehen in ihrem Sinne, vergaßen aber dennoch nicht das Gemeinwohl. Viele wohlhabende Bürger stifteten erhebliche Teile ihres Ver-

⌂ *Malerische Häuserzeile an der Trave – kein Wunder, dass viele Lübecker stolz sind auf ihre Stadt*

mögens für die Armen oder die Kirche. Sie bauten Wohnungen für Bedürftige in Hinterhöfen und in schmalen Gängen. Und auch heute werden aus gemeinnützigen Stiftungen Häuser saniert und wird vor allem im Stillen geholfen.

Die Lübecker Kaufleute schauten durchaus über den Tellerrand. Sie knüpften Kontakte in ferne Länder und sahen sich Neuerungen auch einmal an, überstürzten aber nichts. Kontinuität war wichtig, das Wohl der Firma und der Familie stand stets im Mittelpunkt. Das galt auch für das Arrangement von Hochzeiten. Kunstsinnig war man auch. So existieren noch heute erstaunlich viele Theater und Galerien für eine letzten Endes nicht allzu große Stadt.

Ein wenig dürfte diese Charakterisierung auch für die **Lübecker** gelten, die nicht zu reichen Kaufmannsdynastien zählen. Sie wissen schon recht gut, was sie haben, und betrachten die Welt mit Stolz, aber auch mit Gelassenheit. Lübecker neigen nicht unbedingt zu Überschwang, sie vermeiden die Extreme.

In der **Kommunikation** sind sie **freundlich-distanziert**, manchmal etwas kurz angebunden, aber **immer verlässlich**. Ein „Jo!" ist besser als jeder „Vertrach" – darauf kann man sich verlassen! Man redet nicht lange um den heißen Brei herum und kommt rasch zum Kern, „sabbelt" oder „schnackt" nicht lange herum. „Das ist ein Schnacker!" gilt als abfälliges Urteil. So wird jemand bezeichnet, der viel redet und wenig tut.

So ähnlich funktioniert auch der **Humor**. Etwas trocken, etwas derb, aber niemals verletzend. Im Gegenteil, wenn man seinem Gegenüber eine Spur direkter kommt, kann der Angesprochene davon ausgehen, dass er akzeptiert ist. Das muss man bloß wissen, um Irritationen zu vermeiden.

Natürlich besteht Lübeck nicht nur aus der historischen Altstadt. Wer diese überschaubare Zone verlässt, findet Stadtviertel wie wohl in jeder anderen Stadt vergleichbarer Größe mit Einkaufszentren, Wohnblocks, Reihenhaussiedlungen und auch Problembezirken. Da macht Lübeck keine Ausnahme. Die **Altstadt** ist jedoch **keine reine Touristenzone**. Etwa 13.000 Menschen wohnen hier. Früher bestand Lübeck nur aus diesem überschaubaren Bereich, und da diese Zone von Wasserläufen umgeben

029Ik Abb.: sm

◁ *Auf der zentralen Königstraße [E3–D5] flanieren Einheimische wie Touristen*

031lk Abb.: sm

**Die Stadt in Zahlen**
› **Gegründet:** Neugründung 1143 an der Trave nach der Zerstörung einer früheren Siedlung
› **Einwohner:** 213.400
› **Einwohner/km²:** 996
› **Fläche:** 214 km²
› **Höhe ü. M.:** 13 m

war, stieß man schnell an Grenzen. Eine Erweiterung war nicht so ohne Weiteres möglich, man hätte außerhalb der bestehenden und zugleich schützenden Stadtmauer bauen müssen. Dieser Schritt wurde lange hinausgezögert, erfolgte dann aber doch: 1864 hob man die sogenannte Torsperre auf.

Diese Entwicklung spiegelt auch eine Statistik zur **Bevölkerungsentwicklung** wieder. Jahrhundertelang blieb die Einwohnerzahl relativ konstant, erst als man nach 1864 jenseits der Stadtmauern bauen durfte, sprang sie steil nach oben. Aber die Anzahl der Innenstadtbewohner blieb gleich und so wird es wohl auch bleiben, zumindest sagen dies Prognosen zur Bevölkerungsentwicklung voraus.

Der **begrenzte Platz** ist auch ein Grund dafür, warum die reichen Hanseaten in ihren Hinterhöfen kleine Wohnungen in schmalen Gängen bauten, wo ihre Bediensteten hausten. Lange Zeit ein wenig geschätzter Wohnbereich für die ärmere Bevölkerung, wurden viele dieser Wohnungen im 20. Jh. saniert und sind heute begehrte Immobilien. Dort wohnt man mitten in der Altstadt, aber dennoch ziemlich ruhig.

Insgesamt ist die **Lebensqualität** in Lübeck hoch. Die Innenstadt bietet kulturell eine ganze Menge und auch das Umland hat seine Reize. Zur **Ost-**see sind es nicht einmal 20 Kilometer. Selbst wer nicht Lübecks „Hausstrand" in Travemünde nutzen möchte, hat es nicht weit, denn wie Perlen auf einer Kette locken mehrere Badeorte mit schönen Stränden entlang der riesigen Bucht, die bezeichnenderweise auch **Lübecker Bucht** genannt wird. Nach dem Fall der Mauer kamen auch noch die bis dato nicht zugänglichen Ostseestrände von Mecklenburg-Vorpommern dazu, ein weiteres Kurzreiseziel für Lübecker.

Ein anderes landschaftliches Kleinod ist die **Holsteinische Schweiz**, ein liebliches Hügelland, das durch eiszeitliche Moränen geprägt wurde und eine Vielzahl von größeren und kleineren Seen aufweisen kann. Diese Ecke liegt etwa 40 km nordwestlich von Lübeck entfernt. Im Süden der Hansestadt wartet dann noch die **Seenlandschaft von Mölln und Ratzeburg**, ein weiteres Naherholungsgebiet, das sozusagen vor der Haustür liegt.

Drei **Wasserläufe** (Trave, Wakenitz und Elbe-Lübeck-Kanal) fließen durch Lübeck und bieten sich an zum Pad-

⌂ *Eine Barkasse passiert die historischen Salzspeicher* ❸

030lk Abb.: sm

deln, Radeln oder zum Sonnenbaden. Der Radfernweg „Alte Salzstraße" führt von Lübeck bis nach Lüneburg streckenweise über viele Kilometer den Elbe-Lübeck-Kanal entlang. Und schließlich sind es auch nur 65 Kilometer bis nach **Hamburg.** So mancher Lübecker pendelt diese Strecke täglich zur Arbeit, aber auch zum Shopping oder Feiern wird diese Distanz gerne und schnell überbrückt.

Dabei gibt es in Lübeck genügend **Arbeitgeber,** hier sitzen einige sehr große Firmen. Der größte Wirtschaftsfaktor ist nach wie vor der Hafen, wobei aber nicht der kleine Stadthafen an der Lübecker Altstadt gemeint ist. Dieser spielte in den guten alten Tagen der Hanse eine herausragende Rolle, die heutigen riesigen Schiffe könnten ihn jedoch gar nicht erreichen. Die Häfen bei der Altstadt werden kaum noch kommerziell genutzt, sondern fast ausschließlich für Ausflugsfahrten und als Museumshafen.

Der aktuelle Hafen befindet sich in **Travemünde** an der Lübecker Bucht und gilt heute als der **größte deut-**sche Ostseehafen. Zahlreiche Fähren (sowohl für Passagiere als auch reine Lkw-Fähren) pendeln nach Skandinavien, Russland und ins Baltikum. So gibt es beispielsweise mehrmals täglich eine Fährverbindung nach Malmö, die fast ausschließlich Lkws transportiert. Ob diese bestehen bleibt, wenn tatsächlich einmal der geplante Tunnel zwischen der nahen Insel Fehmarn und dem dänischen Rødby fertig sein sollte, bleibt abzuwarten. Dann wäre die letzte Autobahnlücke zwischen Dänemark und Deutschland geschlossen und Lkws könnten vom Nordkap ohne Fährstopp weiter durch Deutschland Richtung Resteuropa rollen. Diese Vision erfreut besonders die Skandinavier, während die Bewohner an der Lübecker Bucht eher Nachteile befürchten. Der Grund: Es müsste eine neue Bahnverbindung gebaut werden

⌂ *Einige wenige Ostseefischer gibt es noch*

(die aktuelle ist nur eingleisig), denn gleichzeitig zur neuen Autoverbindung unter dem Meer soll auch eine Bahnverbindung durch den Tunnel nach Dänemark eingerichtet werden, auf der dann verstärkt Güterzüge rollen sollen. All das könnte die Wirtschaftskraft Lübecks betreffen und beeinflussen, der Umfang ist noch nicht absehbar.

Weitere große Arbeitgeber sind Firmen in der Medizintechnik, im Servicebereich und in der Lebensmittelindustrie (Marzipan, Suppen, Marmelade), aber auch die Großbäckerei Junge, die viele Filialen in Norddeutschland betreibt. In den Außenbezirken nahe der Autobahn besitzt Lübeck Gewerbezentren, außerdem ist ein großes Wohn- und Fachmarktzentrum geplant.

Lübeck ist an die **Ostseeautobahn A 20** angebunden. Die Autobahn brachte eine erhebliche Entlastung des innerstädtischen Verkehrs, weil der gesamte Verkehr Richtung mecklenburgische Ostseeküste und nach Mecklenburg-Vorpommern bis zur polnischen Grenze nun aus der Stadt herausgehalten wird. Nach der geplanten Fortführung dieser Autobahn nach Westen wird die A 20 bei Bad Segeberg die A 21 Richtung Kiel kreuzen, was bedeutet, dass eines Tages die beiden größten Städte in Schleswig-Holstein auch direkt per Autobahn verbunden sein werden.

Lübeck ist ein sehr beliebtes Ziel im **Städtetourismus.** Das war die Stadt schon immer, aber durch das Aufkommen der Billigfluggesellschaften kommen auch immer mehr internationale Gäste über den Lübecker Flughafen in die Stadt. Sehr viele Touristen kommen nur für einen Tag, aber auch die Übernachtungszahlen sind in den letzten Jahren gestiegen.

Für 2012 wurden etwa 1,37 Millionen Übernachtungen gezählt, allerdings zusammen mit Travemünde, da beide eine touristische Vermarktungseinheit darstellen. Auf das Lübecker Stadtgebiet fielen 854.000 Übernachtungen. Noch eindrucksvoller sind die Zahlen für den Tagestourismus: Sagenhafte 15,9 Millionen Tagesgäste besuchten die Stadt zuletzt. Somit ist der Tourismus in Lübeck ein wichtiger Wirtschaftsfaktor.

Und nicht zuletzt ist Lübeck auch **Studentenstadt.** Es gibt immerhin vier Hochschulen, vor allem einen Medizinstudiengang. Dieser sollte eigentlich 2010 geschlossen werden, aber nach heftigen Protesten nahm man von dieser Idee Abstand.

# Streit um Lübecks Flughafen

Der kleine Flughafen in Lübeck-Blankensee südlich des Zentrums existiert schon seit 1917. Zunächst wurde er von der Kaiserlichen Fliegerschule genutzt, später vom Militär und nach dem 2. Weltkrieg starteten von hier auch die Briten anlässlich der Berlin-Blockade mit Hilfsgütern, weil Schleswig-Holstein unter britischer Militärverwaltung stand.

In den Nachkriegsjahren war der kleine Airport nur von regionalem Interesse, bis im Jahr 2000 die **irische Billigfluggesellschaft Ryanair** hier ihren Betrieb aufnahm. Die Passagierzahlen stiegen nennenswert in hohe sechsstellige Bereiche an, vor dem Engagement der Iren lag die Zahl der Passagiere bei etwa 100.000. Im Jahr 2005 verkaufte die Stadt Lübeck fast 90 % der Anteile am Flughafen an eine neuseeländische Gesellschaft, die investieren und den Flughafen ausbauen wollte. Ryanair kündigte gleichzeitig an, über eine neue Basis in Lübeck nachzudenken.

**Gegen den Ausbau des Flughafens** und der damit verbundenen Verlängerung der Startbahn kam es dann zu **Klagen** von Bürgern sowie von BUND und NABU. Sie befürchteten eine erhöhte Lärmbelästigung und auch eine Zerstörung des Naturraums. Nun ging es ins Detail: Planfeststellungsverfahren wurden angeschoben, Klagen ebenso, Absichtserklärungen abgegeben, aber eine endgültige Entscheidung unterblieb. Zum geplanten Ausbau gehörte neben der Verlängerung der Landebahn die Installation eines Instrumentenlandesystems. Auch davon versprach man sich ein erhöhtes Angebot an Flügen, mehr Starts und Landungen und damit mehr Fluggäste, sodass der Flughafen eines Tages wirtschaftlich betrieben werden könnte.

Im Herbst 2009 kündigten die Neuseeländer den Vertrag, womit sie die Lübecker völlig überraschten, denn nun musste Lübeck 23 Mio. Euro an bereits getätigten Investitionen zurückzahlen. Die Neuseeländer hatten eine vertragliche Option ausgehandelt, die ihnen erlaubte, aus dem Kontrakt auszusteigen, wenn im Jahr 2008 die Zahl der abgefertigten Passagiere 1,2 Millionen unterschreiten würde – tatsächlich waren es 600.000. Nun hatte die Stadt Lübeck wieder die Besitzrechte, aber eben auch die Kosten zu tragen. Im April 2010 kam es zu einem Bürgerentscheid, bei dem sich 67,4 % der Lübecker für den Erhalt des Flughafens aussprachen und damit auch den Ausbau befürworteten. Daraufhin bewilligte die Lübecker Bürgerschaft die ersten 2,5 Mio. Euro für die erste Stufe des Ausbaus. Sie hoffte, durch den Ausbau weitere Gesellschaften nach Lübeck locken zu können, bislang fliegt neben Ryanair nämlich nur die ungarische Gesellschaft Wizz Air Lübeck an.

Dann aber folgten weitere Turbulenzen. Zunächst stoppte der Aufsichtsrat des Flughafens Lübeck den weiteren Ausbau, da man Zweifel äußerte, ob Ryanair tatsächlich in Lübeck eine weitere Basis errichten wolle. Nicht ganz zu Unrecht, denn Anfang 2011 verkündete Ryanair, dass die Gesellschaft das Flugangebot in Deutschland zusammenstreichen wolle. Begründung: Die von der Bundesregierung eingeführte Luftverkehrssteuer sieht eine zusätzliche Abgabe von 8 € für Kurzstreckenflüge innerhalb Europas vor und diese Steuer würde Ryanair als Low-Cost-Carrier besonders treffen.

Damit gingen auch die Passagierzahlen weiter zurück. Im Jahr 2010 lagen sie bei 540.000, 2011 bei 344.000 Fluggästen. Da der Flughafen zuletzt defizitär war, musste bis Jahresende 2012 ein Investor gefunden werden, sonst wäre es zu einer Insolvenz gekommen. Über das weitere Vorgehen zerbrach das rot-rot-grüne Bündnis in der Bürgerschaft, aber der Kauf ging doch über die Bühne, weil sich SPD und CDU einigten.

Ein deutsch-ägyptischer Kaufmann kaufte den Flugplatz schließlich für einen symbolischen Euro und plante Investitionen in Höhe von 20 Mio. Euro, u.a. sollte ein neues Abfertigungsgebäude entstehen. Aber schon nach einem Jahr gab es erneut Ärger, denn der Investor verkaufte den Airport weiter, ohne überhaupt eine Investition getätigt zu haben. Zwischenzeitlich musste der Flughafen Insolvenz anmelden.

# Lübeck entdecken

002lk Abb.: sm

# Sehenswertes in der Innenstadt

*Lübeck, die „Königin der Hanse", ist eine einzigartige Sehenswürdigkeit. Die sieben Türme (s. S. 39) geben der Stadt ein prägendes Gesicht, ragen aus der Altstadt unverwechselbar hervor. Überhaupt die Altstadt! Sie sei eine einzige durchgehende Sehenswürdigkeit, so wird zumindest immer gerne behauptet und so ganz falsch ist das auch nicht.*

Das sah auch die UNESCO so, die Teile der Altstadt 1987 in die Liste des Weltkulturerbes aufnahm (s. S. 42). Lübecks Altstadt wird durch eine **mittelalterliche Architektur** geprägt, die sich in Hunderten von historischen Häusern manifestiert. Wohin man auch schaut, durch welche Straßen man auch immer schlendert, immer wieder stößt der Flaneur auf ein Backsteinhaus aus vergangenen Jahrhunderten, wobei ein Gebäude aus dem 18. Jh. in Lübeck als „jung" gelten kann. Diese Gebäude erzählen von vergangenen Zeiten und zeugen von einem Reichtum jenseits der Neidgrenzen. Sie belegen aber auch, welch stark ausgeprägter Bürgersinn seinerzeit vorherrschte. Wer reich war, stiftete auch. Manche Kaufleute spendeten große Teile ihres Vermögens für die Armen. Davon erzählen noch heute Dutzende von **Stiftungshöfen** mit ihren kleinen Wohnungen für Verarmte und Witwen, eine Sehenswürdigkeit der besonderen Art (z. B. Füchtingshof). Diese sollte man aber auch in respektvoller Zurückhaltung besichtigen, denn die meisten Höfe sind noch bewohnt.

Lübecks Altstadt ist klein, ihre herausragenden Kirchen, Museen und Kulturschätze lassen sich **leicht und schnell zu Fuß erobern.** Teilweise liegen sie sogar in unmittelbarer Nachbarschaft zueinander. Aber wie in kaum einer anderen Stadt lohnt in Lübeck ein zielloser Bummel durch die Straßen. Wobei gilt: Je kleiner die Gassen ausfallen, desto spannender sind sie. Denn jenseits der normal breiten Straßen öffnen sich fast 100 sehr schmale Gänge und Hinterhöfe, die in eine ureigene Welt führen. Früher ein Refugium der ärmeren Bevölkerung, sind sie heute oftmals gefragte Immobilien.

Die folgenden Sehenswürdigkeiten werden so vorgestellt, wie sich wohl die meisten Besucher der Stadt nähern, nämlich von außen über die Trave kommend, am Holstentor ❷ vorbei und dann eintauchen in die historische Altstadt.

## ❶ Puppenbrücke ★  [B5]

Über die Puppenbrücke nähern sich praktisch alle Besucher der historischen Altstadt, die mit der Bahn oder dem Bus angereist sind. Außerdem führt eine stark befahrene Zufahrtsstraße über die Brücke in Richtung Zentrum direkt auf das weltberühmte Holstentor ❷ zu. Diese 1772 erbaute Steinbrücke quert den Stadtgraben. An ihren beiden Seiten stehen **acht große Figuren** (vier männliche, vier weibliche) und **vier Vasen**, die der Bildhauer Dietrich Jürgen Boy zwischen 1774 und 1776 für den Lübecker Rat schuf. Vom Bahnhof kom-

◁ *Vorseite: Zwei der markanten Windlöcher am Lübecker Rathaus* ❹

## Merkurs Podex

Zum Gott Merkur auf der Puppenbrücke, dem Gott der Händler,
dichtete einst Emanuel Geibel:

In Lübeck auf der Brücken
da steht der Gott Merkur.
Er zeigt in allen Stücken
olympische Figur.
Er wusste nichts von Hemden
in seiner Götterruh,
drum kehrt er allen Fremden
den blanken Podex zu.

Tatsächlich richtet Merkur seinen
Podex zum Wasser hin, was man
auch als zweifelhaften Gruß an die
Schiffer deuten könnte ...

mend mit Blick zum Holstentor befin-
den sich auf der linken Seite:
❯ Neptun (mit einem Pferd)
❯ Freiheit (mit einer Katze)
❯ Merkur (stützt sich auf einen Ballen und
  trägt einen Geldbeutel)
❯ Frieden (mit einem Ölzweig, der aber
  abgebrochen ist).

Rechts befinden sich:
❯ Klugheit (mit einem abgebrochenen
  Spiegel)
❯ ein römischer Krieger als Symbol der
  Tapferkeit
❯ Eintracht (mit mehreren Stäben)
❯ der Flussgott der Trave (mit einem
  Ruder).

Die Vasen stehen für Fleiß und Spar-
samkeit, Wissenschaft und Künste,
Ackerbau und Viehzucht sowie für Va-
terlandsliebe und Patriotismus.
  Bis auf Gott Neptun stehen hier
nur Kopien, die Originale wurden we-
gen der zerstörerischen Autoabgase
entfernt und befinden sich nun im
St.-Annen-Museum ㉑.

## ❷ Holstentor ★★★ [C5]

*Das Holstentor ist nicht nur das
Wahrzeichen der Stadt Lübeck, es
dürfte auch eines der bekanntesten
Bauwerke Deutschlands sein, nicht
zuletzt aufgrund der Tatsache, dass
es zu DM-Zeiten den 50-Mark-Schein
zierte. Heute sind die Lübecker äußerst stolz auf „ihr" Holstentor, dabei
wäre es vor 150 Jahren beinahe abgerissen worden.*

Erbaut wurde es zwischen 1464
und 1478 vom Ratsbaumeister Hinrich Helmstede als Stadttor an der
Befestigungsanlage auf der Traveseite. Es hatte Platz für 30 Geschütze,
aber aus keinem einzigen wurde je-
mals ein Schuss abgefeuert. Das Tor
besteht aus **zwei mächtigen Türmen**
mit schiefergedecktem Kegeldach
und einem **Mittelteil mit Treppengiebel**. In der Mitte befindet sich unten
ein Durchgangstor. Die Stadtseite bildet insgesamt eine optische Einheit,
während die sogenannte Feldseite
klar zwischen Türmen und Mittelbau
trennt.

Seine Funktion als Verteidigungs-
bollwerk konnte das Tor nicht lange
ausüben, denn schon im 16. Jh. wurde eine Bastion mit einem Vortor nur
etwa 15 Meter vor dem Holstentor errichtet. Dieses Vortor wurde 1853 abgerissen, bis dahin war zwischenzeitlich das Holstentor aber stark verfal-
len. 1863 wurde dann nur mit einer
Stimme Mehrheit in der Bürgerschaft
ein Abriss verhindert. Aber immerhin
setzte ein Umdenken ein, bis 1871
wurde es umfassend restauriert und
in den 1930er-Jahren noch zusätzlich
mit Eisenverstrebungen verstärkt und
gefestigt.

Das Holstentor hat bis zu 3,50 m dicke Wände und steht auf einer künst-
lichen Aufschüttung. Das gesamte

### Das Holstentor im Portemonnaie

Es ist noch gar nicht so lange her, nämlich zur guten(?) alten D-Mark-Zeit, da hatte Lübeck einen – sozusagen kostenlosen – Werbeträger, denn auf dem 50-Mark-Schein war das Holstentor abgebildet. Und deshalb wurde der Schein auch flapsig „Lübecker" genannt. Mit der Einführung des Euro war diese Herrlichkeit vorbei, der Lübecker Bürgerstolz verschwand aus den Portemonnaies. Dafür hielten 2007 die sieben Türme der Stadt Einzug. Mit der Silhouette der Stadt und ihren sieben Türmen wurde eine Sondermünze zum Gedenken an das UNESCO-Welterbe herausgegeben. Aber wahrscheinlich wanderte diese Münze nur in ganz wenige Börsen, denn sie war aus Gold und hat einen Wert von 100 €.

Schon ein Jahr früher kam eine 2-Euro-Gedenkmünze heraus, die das Holstentor zeigt. Es war der Auftakt zu einer Serie von 16 Sondermünzen mit jeweils einem typischen Motiv aus jedem deutschen Bundesland. Schleswig-Holstein machte den Anfang mit eben dem Holstentor, ein Jahr später folgte das Schweriner Schloss, 2008 dann der Hamburger Michel. So geht es weiter, bis 2021 mit dem Schloss Sanssouci in Potsdam diese Serie beendet sein wird. Und so kehrt das Holstentor wieder in unsere Geldbörsen zurück, denn diese Münzen sind ein offizielles Zahlungsmittel.

Bauwerk geriet zu schwer, deswegen sackte der Südturm leicht schräg ab. Über die Jahrhunderte **sackte** das gesamte Holstentor immer tiefer **in den Boden,** daher liegen die untersten Schießscharten heute unterhalb der Erdoberfläche! Die Torfront auf der Stadtseite prägt eine Vielzahl von größeren Fenstern, während die andere Seite, die der Feind erblickte, nur Schießscharten und kleine Sichtluken aufweist.

Die auffällige **Inschrift** CONCORDIA DOMI, FORIS PAX („Drinnen Eintracht, draußen Friede") existiert erst seit 1863, vorher befand sich an der Feldseite der längere Sinnspruch *Pulchra res est pax foris et domi concordia* („draußen Friede und drinnen Eintracht sind eine schöne Sache"). Seit 1871 befindet sich auf der Stadtseite das Buchstabenkürzel S.P.Q.L., was für *Senatus Populusque Lubecensis* („Senat und Volk von Lübeck") steht, links und rechts davon die Jahreszahlen 1871 (Jahr der Restaurierung) und 1477 (vermeintliches Jahr der Erbauung).

Im Inneren des Holstentores befindet sich heute auf mehreren Ebenen, die durch relativ enge Wendeltreppen miteinander verbunden sind, das **Stadtgeschichtliche Museum.** Die thematische Klammer der Ausstellung ist „Die Macht des Handels", denn der Fernhandel war über Jahrhunderte die Quelle des Reichtums Lübecks. Im Untergeschoss sind zunächst Beispiele für die Verwendung des Holstentor-Motivs zu finden, nicht nur auf dem früheren 50-Mark-Schein, sondern auch auf einer 2-Euro-Münze und auf diversen Souvenirs.

Auf den darüber liegenden Etagen werden viele Schiffsmodelle gezeigt, mit denen der Fernhandel abgewickelt wurde, dazu nautische Gerätschaften und maritimes Zubehör. Weiterhin steht dort ein sehr **detailgetreues Stadtmodell** aus dem 17. Jh. Mit einer Ausstellung von gängigen Waffen und Rüstungen wird außer-

dem der Schutz der Stadt thematisiert, zu dem die Bürger der Stadt ihren Beitrag leisten mussten. Schließlich findet sich weiter oben ein sehr plastisch **nachgebildeter Markt** mit Stimmgewirr, typischen Waren, Bildern und, etwas versteckt hinter einem Vorhang, einem Schandpfahl. Ganz oben sind noch Folterinstrumente ausgestellt, Daumenschrauben, Streckbank und sogar ein Richtschwert werden dort gezeigt.

> Holstentorplatz 7, Tel. 1224129,
> www.die-luebecker-museen.de,
> Eintritt: 6 €, Kinder unter 6 Jahre frei,
> Kinder/Jugendliche bis 18 Jahre 2 €,
> Familienkarte 7 bzw. 13 €, 1.1.–31.3.
> Di.–So. 11–17 Uhr, 1.4.–31.12.
> Mo.–So. 10–18 Uhr

*⌂ Die Grünflächen vor dem Holstentor laden zum Entspannen ein. Rechts daneben liegen die markanten Salzspeicher, im Hintergrund die St. Petrikirche ㉓.*

### ❸ Salzspeicher ★ [C5]

Nur wenige Schritte vom Holstentor entfernt stehen direkt an der Trave **sechs markante Backsteingiebelhäuser**. In diesen zwischen dem 16. und 18. Jh. erbauten Häusern wurde früher **Salz gelagert**, daher der Name. Das älteste Haus steht dem Holstentor am nächsten, es stammt aus dem Jahr 1579.

Das Salz kam aus dem knapp 100 Kilometer entfernten Ort Lüneburg und wurde entweder mit Fuhrwerken oder auch auf dem Wasserweg nach Lübeck gebra cht. Von dort wurde das Salz dann weiter per Schiff über die Ostsee hauptsächlich nach Skandinavien transportiert, wo man es zum Konservieren von Fisch und Fleisch verwendete. Vor allem Heringe wurden auf diese Weise eingesalzen. Es hieß, dass man ein Fass Salz benötigt, um fünf Fässer Heringe zu salzen und damit lagerfähig zu halten. Salz war somit sehr wertvoll und erhielt deshalb auch den Beinamen „Weißes Gold". Zurück brachten die Lübecker Fernhändler auf ihren Koggen dann Pelze, Tran oder Erz, die wiederum gegen guten Gewinn weiterverkauft wurden. So mehrten die Lübecker Händler geschickt ihren Reichtum. Heute befindet sich in den Räumen der Salzspeicher ein Modegeschäft.

Die Verbindung nach Lüneburg wurde bald auch „Salzstraße" genannt. In Lüneburg lagerte ein riesiger Salzstock, der vom Grundwasser umspült wurde. Diese so gesättigte Sole wurde abgeschöpft und in riesigen Salzpfannen gesiedet, bis das Wasser verdampfte und das Salz übrig blieb. Fast ausschließlich wurde es dann nach Lübeck transportiert, was gar nicht so einfach war. Es dauerte schon ein paar Wochen, das Salz auf Pferdefuhrwerken auf schlechten Straßen zu befördern. Etwas besser ging der Transport nach Fertigstellung des Stecknitz-Kanals auf dem Wasserweg, vor allem konnten so größere Mengen transportiert werden. Auf dem Rückweg brachten die Schiffer oftmals Holz mit, denn der Brennstoff ging den Lüneburgern in ihrer heimatlichen Gegend allmählich zur Neige.

Der Weg von Lüneburg nach Lübeck ist noch heute bekannt als **Ferienstraße „Alte Salzstraße"** und führt hauptsächlich über die B 209 und B 207. Weiterhin gibt es einen **Fernradweg** von 110 km Länge gleichen Namens zwischen Lüneburg und Lübeck, der überwiegend entlang des Elbe-Lübeck-Kanals führt.

*▷ Durch diese kunstvoll geschmückte Tür gelangt man in den Audienzsaal des Rathauses*

**④ Rathaus** ★★★　　　　**[D4]**

*Das Rathaus der Hansestadt Lübeck fällt auf – und das war so gewollt, von Anfang an. Bereits als es um 1230 erbaut wurde, achtete man darauf, dass es sich mit seinem dunklen Stein vom üblichen roten Backstein abhob. Die Steine verdanken ihre dunkle Farbe einer Mischung aus Ochsenblut, Asche, Salz und anderen geheimen Ingredienzien. Das Rathaus ist kein homogener Bau, denn es wurde im Laufe der Jahrhunderte mehrfach umgebaut und erweitert. Dennoch ist es ein prächtiges Ensemble mit schönem Fassadenschmuck und einzigartigen Innenräumen.*

Bereits 1298 begann man einen ersten Erweiterungsbau, der 1308 fertiggestellt wurde. 1435 erfolgte der Anbau der neuen Gemächer mit der **beeindruckenden Schauwand** samt den markanten Windlöchern und den drei spitzen Türmen (genannt „die drei Riesen"), die man besonders gut vom Markt, wie der Marktplatz offiziell heißt, aus erkennen kann. Noch einmal 150 Jahre später kam eine **Renaissancelaube** aus hellem Sandstein an der Marktseite hinzu.

Das **Hauptportal** mit dem Eingang zum Rathaus an der Breiten Straße stammt aus der Mitte des 14. Jahrhunderts, links davon fällt die unübersehbare **Renaissancetreppe** auf. Sie entstand 1594 und führte zur Kriegsstube hoch, die heute nicht mehr existiert.

Bereits am Hauptportal strahlt das Rathaus altehrwürdige Pracht aus, denn dort sind Kopien der 1347 entstandenen **Bronzebeschläge** angebracht. Sie zeigen den Kaiser (in der Mitte) und seine sieben Kurfürsten, die das alleinige Recht hatten, den Kaiser zu wählen. Die Wappen der Kurfürsten befinden sich auch an der Wand der Renaissancelaube. Rechts und links der Tür zeigen die Beischlagwangen (größere, bildhauerisch gestaltete Schmuckelemente, die links und rechts neben der Tür an der Wand befestigt sind) den Kaiser sowie den sogenannten „Wilden Mann", ein Sinnbild der Stärke.

Durch die Eingangstür betritt man ein großes Foyer. Dieser Bereich mitsamt der gewaltigen Treppe wurde 1887 umgestaltet. Rechts liegt der **Audienzsaal**. Die dunklen Steine der Außenwand des Audienzsaals gehören zum ältesten Teil des Rathauses, sie wurden um 1355 handgefertigt und sehen deshalb auch im Gegensatz zu den anderen, maschinengeformten Steinen unregelmäßig aus. Den Audienzsaal betritt man durch eine von Tönnies Evers 1573 erschaffene Tür, die mit Szenen, die das salomonische Urteil sowie die Gerechtigkeit und die Liebe zeigen, geschmückt ist. Justitia, die Göttin der Gerechtigkeit, trägt hier in Lübeck keine Augenbinde, was ungewöhnlich ist und das Selbstbewusstsein der Lübecker dokumentieren soll.

Der Audienzsaal wurde 1754 bis 1761 im Rokokostil eingerichtet. Er war früher ein Gerichtssaal, in dem das höchste Hansegericht tagte. Heute wird er für besondere feierliche Anlässe genutzt. Die auffälligen **Gemälde** schuf der italienische Künstler Stefano Torelli zwischen 1754 und 1761, sie zeigen Allegorien der guten Eigenschaften einer (Stadt-)Regierung: Freiheit, Barmherzigkeit, Gerechtigkeit, Einigkeit, Vorsicht, Klugheit, Mäßigung und Verschwiegenheit, außerdem die Freiheit der Künste und des Handels. Es fällt auf, dass alle Motive weiblich ausgestaltet sind, nur die Verschwiegenheit nicht. Anscheinend

traute man diese Eigenschaft einer Frau nicht zu ... Hier steht auch ein großer Ofen, der bis 1965 die einzige Heizquelle im Rathaus war.

Beim Verlassen des Saals fällt auf, dass das Ausgangsportal **zwei unterschiedlich hohe Türen** hat. Wer vor Gericht schuldig gesprochen wurde, musste zwingend die rechte Tür nehmen. Diese ist niedriger, sodass der Schuldiggesprochene nur mit gebeugtem Haupt den Raum verlassen konnte. Freigesprochene konnten die linke, höhere Tür nehmen und erhobenen Hauptes hinausgehen.

Die **Freitreppe** führt vom großen Foyer in die obere Etage mit dem Bürgerschaftssaal. Sie wird von drei Bildern geschmückt, die Professor Max Koch schuf, die an drei wichtige Daten der Lübecker Geschichte erinnern: Der erste Lübecker Rat wird 1159 durch Heinrich den Löwen eingesetzt, dann die Verleihung der Handelsprivilegien durch Kaiser Barbarossa 1188 und links der Dombau, ebenfalls durch Heinrich den Löwen initiiert.

O34lk Abb.: sm

Der **Bürgerschaftssaal** entstand 1891 durch Abtrennung vom Börsensaal. Hier tagen jeden letzten Donnerstag eines Monats die 60 Mitglieder der Bürgerschaft, des Lübecker Stadtparlaments. Den Vorsitz hat die Stadtpräsidentin, der Bürgermeister und seine hauptamtlichen Senatoren sitzen links davon. Die Seitenwände sind aus Eichenholz gehalten, die Decke hat die Rundung einer hanseatischen Kogge. An den oberen Wänden finden sich Wappen wichtiger ehemaliger Hansestädte und Zunftwappen, außerdem zwei Großgemälde, die bedeutende Ereignisse der Stadtgeschichte darstellen, nämlich den Besuch von Kaiser Karl IV. in Lübeck (1375) und die Verleihung der Reichsfreiheitsurkunde (1226).

Nebenan tagt im **Roten Saal** jeden Mittwoch der **Senat** der Stadt Lübeck. Der Name spielt auf die rote Wandbespannung an, die aus venezianischer Seide besteht. Ein Gemälde schmückt den Saal, das die Seeschlacht bei Gotland 1564 zeigt, während der das Lübecker Schiff „Der Engel" das Schiff des schwedischen Admirals eroberte.

Auf den Gängen der oberen Etage finden sich großformatige **Bilder ehemaliger Lübecker Bürgermeister.** Seit dem 16. Jahrhundert hat jeder ausscheidende Bürgermeister das Recht, sich in Öl verewigen zu lassen.

Einer der ersten Anbauten, das sogenannte **„Lange Haus"**, entstand zwischen 1298 und 1308. Der Anbau stand auf Arkaden, weil unten die Goldschmiede ihre Verkaufsbuden hatten und diesen Platz nicht aufgeben wollten. Oben im 1. Stock wurde das „Danzelhus" erbaut, ein großer Festsaal, den es heute nicht mehr gibt. 1442–1444 wurde dann dieser Bereich um die **Kriegsstube** verlängert, ein prächtiger, mit Eichenholz verkleideter Raum, der 1942 in der verheerenden Bombenacht zerstört wurde. Reste der Verkleidung befinden sich noch im St.-Annen-Museum ㉑.

Das Rathaus wurde ab 1483 mit dem Bau des **Kanzleigebäudes** auch nach Norden verlängert, das 1588 und 1614 abermals zur Mengstraße verlängert wurde. Hier saßen die Notare und Ratsschreiber, heute befinden sich dort kleine Geschäfte und ein Café.

Das rechtwinklig angelegte Rathaus grenzt an seiner südlichen und östlichen Seite mit seinen Arkaden den **Markt** zur Fußgängerstraße Breite Straße ab. Unter dem ersten Bogen ganz rechts (vom Café Niederegger kommend) befindet sich eine kleine Gedenktafel zur Erinnerung an die vier Lübecker Geistlichen, die von den Nazis ermordet wurden (s. S. 93). Dieser Markt ist historisch seit dem Mittelalter als Treffpunkt der Marktbeschicker belegt, die dort noch heute am Montag und Donnerstag ihre Waren feilbieten. In der Vorweihnachtszeit findet auf dem Platz zudem ein zauberhafter Weihnachtsmarkt statt.

Unter den Arkaden tagte früher auch das Niedergericht, das für alltägliche Straftaten zuständig war. Bestimmte Vergehen wurden mit dem Stehen am Pranger bestraft, der in Lübeck „Kaak" genannt wurde und von dem heute eine Nachbildung auf dem Marktplatz zu finden ist. Unten befand sich über Jahrhunderte die „Butterbude", in der tatsächlich Butter verkauft wurde, während oben der eigentliche Pranger stand, der auch im Volksmund „Finkenbauer" genannt wurde.

Am oberen Ende des Langen Hauses befand sich auch die öffentliche **Ratswaage**, von der aber nur noch ein Querträger mit zwei Haken erhalten geblieben ist. Man findet sie unter dem Arkadenbogen, der heute mitten durch das Niederegger-Arkadencafé verläuft. In einer Ecke vom Markt steht hinter der Bäckerei Junge ein **Tastmodell für Blinde**, das die Stadtsilhouette von Lübeck sehr schön abbildet.

❭ Breite Straße 64, Tel. 1221005, nur im Rahmen einer Führung zu besichtigen: Mo.–Fr. 11, 12, 15, Sa. 13.30 Uhr, Eintritt: 4 €

## ❺ Café Niederegger ★★ [D5]

*Lübeck und Marzipan, das gehört zusammen wie Paris und Eiffelturm, Köln und Kölsch oder München und Oktoberfest. Und in der Lübecker Marzipan-Welt ist das Café Niederegger eine Institution.*

Das Café Niederegger existiert bereits seit 200 Jahren. Johann Georg Niederegger gründete es 1806 genau gegenüber dem Rathaus ❹. Unten im Erdgeschoss wird das **Niederegger-Marzipan** verkauft. Über 300 Spezialitäten sind im Angebot, vom kleinsten Marzipanbrot bis zum sehr aufwendigen Präsentkorb. Speziell zu großen Festen (Ostern, Weihnachten) werden ganz besondere Kreationen angeboten.

In der ersten Etage befindet sich das große **Café** Niederegger, wo leckere Torten und kleinere Gerichte

◁ *Markante Rathauswand mit Arkaden und Windlöchern (vom Markt aus gesehen)*

serviert werden. Hier geht es sehr gediegen zu, fast wie in einem klassischen historischen Kaffeehaus. Genauso scheinen es die Gäste zu wünschen, zumindest ist es in der Regel sehr gut besucht.

Noch eine Etage höher liegt der **Marzipan-Salon,** der durch eine Tür zum Treppenhaus etwa im mittleren Bereich des Cafés betreten werden kann. Dort erhält man einen kulturgeschichtlichen Überblick zum Marzipan und eine Zusammenfassung der Geschichte des Hauses Niederegger. Vor allem aber stehen dort zwei sehr **eindrucksvolle Modellgruppen:** zum einen die Silhouette der Lübecker Altstadt mit den sieben Türmen, zum anderen eine lebensgroße Personengruppe (12 Personen), die u. a. Kaiser Karl IV., den Weihnachtsmann, Grimmelshausen, Wolfgang Joop, Thomas Mann und natürlich den Begründer des Niederegger-Marzipans, Johann Georg Niederegger, darstellen – alles aus Marzipan modelliert!

❯ Breite Straße 89, Tel. 5301126, www.niederegger.de, Mo.–Fr. 9–19, Sa. 9–18, So. 10–18 Uhr

### ❻ St. Marienkirche ⋆⋆ [D4]

*Die ob ihrer Größe eindrucksvolle St. Marienkirche beherbergt nicht nur kirchenhistorische Kunstschätze, sondern auch eine handwerkliche Kostbarkeit: eine astronomische Uhr.*

St. Marien, eine dreischiffige Kirche mit etlichen Seitenkapellen, ist die **Kirche des Rates** der Stadt Lübeck. Diese wichtige Stellung drückt ihre **Lage auf dem höchsten Punkt der Innenstadt** aus und auch ihre **schiere Größe.** Das Mittelschiff hat eine Höhe von 38,5 Metern – das entspricht in etwa dem Doppelten dessen, was im 13. Jahrhundert üblich war. Die Ge-

samtlänge misst 103 Meter und die beiden Türme erreichen eine Höhe von 125 Metern. Die Bauarbeiten an einer ersten Backsteinkirche begannen um 1200, aber dieser Bau stellte sich rasch als zu klein heraus. So wurde ab 1251 ein Umbau begonnen, der fast 100 Jahre in Anspruch nahm. In der Nacht zum Palmsonntag (28./29. März) 1942 wurde die Lübecker Innenstadt durch Luftangriffe bombardiert und auch die St. Marienkirche schwer beschädigt. In dieser Nacht stürzten die schweren **Glocken** im Südturm herab. Sie zersprangen und rammten sich in den Boden – und liegen noch heute dort als Mahnmal. Auch ein gewichtiger Teil der Kirchenschätze ging in der Bombennacht verloren.

Nach dem Betreten fällt zunächst die enorme Größe auf und auch das helle Gewölbe. Direkt vom Haupteingang kommend stößt man auf den **Altarraum,** der durch eine Mauer mit Gitterwerk abgegrenzt wird. Herausragende Kunstschätze sind der Flügelaltar von Christian Swarte (1495) sowie das bronzene Kruzifix von Gerhard Marcks (geweiht 1959). Das Sakramentshaus (1479) im Altarraum besteht aus über 1000 bronzenen Teilen und wurde von Lübecker Handwerkern gefertigt. Etwa im Zentrum des Altarraums steht ein Bronzetaufbecken mit drei knienden Engeln, das aus dem Jahr 1337 stammt und von Hans Apengeter gegossen wurde. Am Chorumgang befinden sich Kalksteinreliefs aus dem Jahr 1498 mit Szenen aus Christi Leben. Dort, unten links im Bildnis des Abendmahls, wurde auch die kleine Maus eingearbeitet (s. Exkurs „Kleine Sagen rund um St. Marien", S. 72).

Direkt dahinter steht im östlichen Kirchenteil in der Marientidenkapelle ein **beeindruckendes Marienretabel** (1518). Der Doppelflügelaltar zeigt ganz geöffnet in 26 vergoldeten, holzgeschnitzten Bildern das Marienleben. Ist der Flügelaltar geschlossen, zeigt er acht gemalte Szenen aus Marias Leben. Das Kunstwerk wurde 1522 von einem Lübecker Kaufmann gestiftet.

In der **Totentanzkapelle** im nördlichen Seitenschiff sind Fenster mit Totentanzmotiven zu finden, dort steht auch die Astronomische Uhr. Hier befand sich bis zur fatalen Bombennacht 1942 eine Kopie des 1463 von Bernt Notke gefertigten Bildnisses vom Totentanz. Heute erinnern nur noch einige Fotos an den Wänden und eben die Glasbemalungen an den Fenstern daran. Dargestellt wird das Thema der Vergänglichkeit durch einen mit einer Flöte zum Reigen aufspielenden Tod, dem alle folgen müssen, egal ob Kaiser, König, Kaufmann, Edelmann, Ritter, Mönch oder andere. Schon 1701 befand sich der ursprüngliche Totentanz in einem so schlechten Zustand, dass eine Kopie angefertigt werden musste.

◹ *Handwerkskunst: Die Astronomische Uhr zeigt u. a. die 12 Tierkreise*

Die **Astronomische Uhr** ist ein 1967 nach siebenjähriger Bauzeit eingeweihter Nachbau der Originaluhr aus dem Jahr 1566, die bei der Bombardierung zerstört wurde. Sie funktioniert mechanisch und hat zwei Scheiben, die neben der Uhrzeit auch kalendarische und astronomische Sachverhalte anzeigen. Die obere Scheibe markiert die Stellung von Sonne und Mond zum aktuellen Tierkreis. Die untere, die Kalenderscheibe, zeigt auf recht ausgefeilte Weise an, welcher Wochentag auf ein beliebiges Datum zwischen 1911 und 2080 fällt. Ganz außen auf dieser Scheibe sind 13 Sternbilder abgebildet, ein wandernder Schweifstern

◹ *Der aufgeklappte Marienaltar*

zeigt auf das aktuelle Datum. Ganz innen sind spiralförmig von außen nach innen wandernd Sonnen- und Mondfinsternisse seit 21.1.2000 mit ge-

## Kleine Sagen rund um St. Marien

Rund um St. Marien existieren drei Sagen, die durch **kleine Figuren** am oder im Gotteshaus dokumentiert werden. Draußen neben dem Eingang hockt ein kleiner, eigentlich wütender **Teufel** auf einem Steinblock, auch wenn er gar nicht so böse aussieht. Er wurde von den Lübeckern hintergangen, denn er hatte ihnen unwissentlich beim Bau der Kirche geholfen. Man hatte ihm vorgeschwindelt, dass ein Wirtshaus entstehen sollte, daraufhin half der Teufel tatkräftig mit. Kurz vor Fertigstellung erkannte er seinen Irrtum, wurde wütend, schnappte sich einen großen Stein und wollte die Kirche damit zertrümmern. Der Stein aber verfehlte das Gotteshaus und blieb vor dem Eingang liegen. Bis heute liegt er dort und obendrauf hockt er nun, der arme Teufel.

Links vom Eingang hockt in etwa fünf Metern Höhe ein **steinernes Männchen**. In grauer Vorzeit gelang es einem Lübecker Kaufmann, den Tod zu überreden, ihn noch nicht zu holen. Im Laufe der Zeit starben aber alle Freunde und Verwandten und auch der Tod vergaß irgendwann den Kaufmann. Also suchte der uralte, mittlerweile nur noch gebeugt gehende Mann selbst den Tod. Man sagte ihm, er sei in der Marienkirche. Da diese verschlossen war, kletterte er neben dem Eingang hoch, um hineinzuschauen. Er fand den Tod aber nicht und weigerte sich danach, wieder von der Mauer herunterzusteigen. So wurde er von allen vergessen, von den Menschen, vom Teufel und auch von der Zeit, und verwandelte sich schließlich in Stein. Und hockt noch heute dort oben.

Die kleine **Maus**, die man links im Bild des Abendmahles am Chorumgang sieht, wird von Besuchern gerne gestreichelt, denn das bringt angeblich Glück. Dabei brachte der Nager ursprünglich Unglück über die Stadt: Neben der Marienkirche wuchs ein Rosenstock und es hieß, dass die Stadt so lange frei von Fremdherrschaft bleiben würde, so lange die Rosen am Stock blühten. Dann aber knabberte jene Maus einfach die Wurzeln des Rosenstocks an - und tatsächlich gelangte Lübeck kurze Zeit später unter Fremdherrschaft. Als die Stadt diese wieder abschütteln konnte, ließ der Rat die Maus in der Kirche als Glücksbringer in Stein meißeln.

nauem Datum dargestellt. Das letzte Datum sagt eine Mondfinsternis für den 11.2.2036 voraus.

Die **Kalenderscheibe** ist folgendermaßen aufgebaut: Das Kalendersystem der Uhr besteht aus zwei Kreisen. Der innere Kreis zeigt die Jahreszahlen von 1911 bis 2080 mit den jeweiligen Ostersonntagen. Weiterhin steht bei jeder Zahl ein roter Buchstabe, das ist der sogenannte Sonntagsbuchstabe. Der äußere Kreis zeigt neben den 366 Tagen (mit 29. Februar) in roten Buchstaben die fortlaufenden Wochentage an durch die Buchstaben A, B, C, D, E, F, G. Diese Buchstaben wiederholen sich ständig.

Wie liest man nun die Uhr? Wer beispielsweise wissen will, auf welchen Wochentag der 24.12.1966 fiel, schaut zunächst auf die Jahreszahl 1966. Dort stehen in allen Nicht-Schaltjahren zwei rote Buchstaben (in Schaltjahren nur einer), die den

Sonntag markieren, in diesem Falle B und C. Das bedeutet, dass im Januar und Februar alle Sonntage auf B fielen, für das restliche Jahr auf C. Für unsere Frage nach dem Termin im Dezember gilt also C. Neben dem 24. Dezember steht auf der anderen, äußeren Skala der Buchstabe B. Da der Buchstabe C für 1966 einen Sonntag anzeigt, muss B einen Samstag markieren. Der Heiligabend des Jahres 1966 fiel also auf einen Samstag.

Weitere Kunstschätze in der Kirche sind beispielsweise ganz oben zu finden, wo sich mehrere großformatige Wandmalereien zeigen, die man 1942 nach der Bombardierung entdeckte, als die Kalktünche aufplatzte.

Jeden Tag um 12 Uhr mittags findet oberhalb der beiden Scheiben ein **Figurenreigen** um den segnenden Christus statt, der von einem Glockenspiel begleitet wird.

Die Kirche besitzt zwei Orgeln. Die ursprüngliche **Große Orgel** (1516–1518 erbaut) wurde im Laufe der Zeit mehrfach ergänzt und umgebaut, aber wie so vieles auch in der Bombennacht zerstört. Der Nachbau der Großen Orgel von 1962 war damals die größte Orgel der Welt mit mechanischer Traktur.

Die kleinere Orgel wird **Totentanzorgel** genannt und wurde ursprünglich 1477 erbaut, auch sie verbrannte in der Bombennacht. Nach dem Krieg wurde sie wieder aufgebaut und leicht versetzt angebracht, da an ihrem ehemaligen Platz, in der Totentanzkapelle, nun die Astronomische Uhr steht.

Einer der ältesten Teile der Marienkirche ist die **Briefkapelle**, die links von der Gedenkkapelle mit den heruntergestürzten Glocken zu finden ist. Sie entstand bereits um 1310 und wurde nach den öffentlichen Schreibern benannt, die hier ihren Sitz hatten und Urkunden sowie Schriften anfertigten und „verbrieften". Die neun Meter hohen, schlanken Säulen bestehen aus Bornholmer Granit. In der Kapelle befinden sich ein Kruzifix, das um 1510 entstand, eine Orgel aus dem 18. Jh. sowie eine bronzene Grabplatte des Lübecker Bürgermeisters Brun Warendrop, der 1369 im Krieg gegen Dänemark fiel. Die Briefkapelle wird heute als Winterkirche genutzt und ist zumeist verschlossen.

> Marienkirchhof, www.st-marien-luebeck.de, Eintritt: 2 €, 1.4.–3.10. 10–18 Uhr, 4.10.–31.10. 10–17 Uhr, 1.11.–31.3. 10–16 Uhr

## ❼ Mengstraße ★★ [C4]

Die Mengstraße, an der auch das bekannte Buddenbrookhaus ❽ steht, führt von der zentralen Breiten Straße hinunter zur Trave. Diese Straße fand bereits 1259 erstmals in einer Chronik Erwähnung und hier lebten früher überwiegend **Lübecker Kaufleute**. Sie hatten es von ihren Dielenhäusern nicht weit bis hinunter zum Hafen an der Trave, wo die Schiffe mit ihren Waren anlandeten. In der fürchterlichen Bombennacht von 1942 wurde ein Großteil der alten Häuser zerstört, aber wundersamerweise blieben mehrere **historische Häuser** im unteren Bereich der Mengstraße nahe der Trave verschont. Von daher ist speziell dieser Bereich sehenswert. Beispielsweise steht an der Mengstraße 70 das Gebäude von Deutschlands ältester Weinhandlung, der **Firma Carl Tesdorpf** (s. S. 18), gegründet 1678. Etwas weiter oben in der Mengstraße 16 residiert Deutschlands ältestes Verlagshaus, der 1579 gegründete **Verlag Schmidt-Römhild**.

0671k Abb.: sm

die Lübecker Kaufmannschaft sanierte die Gebäude 1954, worauf Letzteren der Komplex überschrieben wurde. Erneut sammelte man historisches Mobiliar und dekorierte so das neue Schabbelhaus in einzigartiger Weise. Heute befindet sich hier ein gutes Restaurant in wahrlich einmaligem historischem Ambiente.

Da in diesem Abschnitt der Mengstraße praktisch ausschließlich historische Gebäude stehen, befindet sich auch die **Jugendherberge** (s. S. 125) in einem alten Kaufmannshaus aus dem Jahr 1761.

### ❽ Budden- brookhaus ★★★ [D4]

*Das prachtvolle Haus, außen aufwendig verziert, stammt ursprünglich aus dem Jahr 1758. 1842 kam das Haus in den Besitz der Familie Mann, als es Thomas Manns Großvater erwarb.*

Hier lebte bis 1890 die Großmutter von Thomas Mann, die „Konsulin" aus dem Roman „Buddenbrooks". Thomas Mann verbrachte dort einen Teil seiner Kindheit. 1891 wurde das Haus verkauft und durchlebte dann eine wechselvolle Geschichte. 1991 erwarb es die Stadt Lübeck und richtete hier das **Heinrich-und-Thomas-Mann-Zentrum** ein, das den literarischen Nachlass der Brüder Mann verwaltet. Außerdem sind im Buddenbrookhaus zwei Dauerausstellungen eingerichtet, im Untergeschoss die Ausstellung „Die Manns, eine Schriftstellerfamilie" und in der zweiten Etage „Die Buddenbrooks, ein Jahrhundertroman". Ganz unten im Eingangsbereich befindet sich ein Museumsshop, in dem Bücher der Familie Mann angeboten werden.

Die **Ausstellung zur Familie Mann** zeigt ausführlich die Familienzwei-

Unter der Hausnummer 50 befindet sich das **Restaurant Roberto Rossi im Schabbelhaus** (s. S. 25) mit seinem sehr auffälligen und schönen Portal. Dieses befand sich ursprünglich an einem anderen Gebäude, am Haus des Kaufmanns Johann Glandorp, wurde dann aber hierher verlegt. Der Bäckermeister Heinrich Schabbel vermachte nach seinem Tod (1904) der Stadt eine nicht geringe Summe an Geld mit der Auflage, ein Museum einzurichten, das die bürgerliche Wohnwelt des 17. bis 19. Jahrhunderts darstellen sollte. Dieses Museum wurde 1908 im Haus Mengstraße 36 eröffnet, doch leider zerstörten die Bomben auch dieses Haus. Die Stadt Lübeck erwarb später zwei verbundene Häuser in der Mengstraße 48–50 und

△ *Im prachtvollen Buddenbrookhaus dreht sich alles um die Schriftstellerfamilie Mann*

# Thomas Mann, der Lübecker Bürgerschreck

*Das Lübecker Bürgertum war überhaupt nicht begeistert, im Gegenteil, ehrbare Kaufmannsleute sollen sogar hochkarätig verärgert gewesen sein. So sehr, dass ein Onkel des Geschmähten eine Anzeige im örtlichen Blatt aufgab, um sich von seinem Neffen zu distanzieren. Was war bloß geschehen? Eigentlich nichts weiter, als dass ein Roman erschienen war mit dem Titel: „Buddenbrooks - Verfall einer Familie". Der Autor, ein gewisser Thomas Mann, wurde 1875 in Lübeck als Spross einer alteingesessenen Kaufmannsfamilie geboren. Sein Vater war Inhaber einer Getreidefirma und Senator, altehrwürdige hanseatische Distinguiertheit also. 1893 zog die Mutter mit den Kindern nach dem Tod des Vaters nach München.*

*Dort, sozusagen aus sicherer Entfernung, schrieb Thomas Mann diesen seinen ersten Roman, der 1901 veröffentlicht wurde. 1929 erhielt er für die „Buddenbrooks" den Nobelpreis und charakterisierte den Roman „als Seelengeschichte des deutschen Bürgertums, von der nicht nur dieses selbst, sondern auch das europäische Bürgertum überhaupt sich angesprochen fühlen konnte." Zunächst fühlten sich vor allem Lübecker Bürger angesprochen, immerhin war eindeutig ihre Stadt der Schauplatz des Romans und etliche Personen so klar erkennbar gezeichnet, dass bald sogar Namenslisten kursierten, die aufschlüsselten, welche Romanfigur wem im wirklichen Leben entsprach. Es war schnell klar, dass die Firma Buddenbrook der eigenen Familie Mann nachgezeichnet war, der Konsul Johann B. dem Großvater von Thomas entsprach, der eigene Vater genauso vorkam wie ein Onkel, eine Tante, ja sogar der Autor selbst (Justus Buddenbrook).*

*Was aber regte die Lübecker Bürger so auf? Im Untertitel wird vom „Verfall einer Familie" gesprochen und diesen beschreibt Mann über vier Generationen. Die ehrbar-spießige bürgerliche Vorzeigefamilie bemerkt nicht die Veränderungen der Zeit, hält an alten Ritualen fest. Die Kinder in der letzten Generation verlassen den Kaufmannspfad und wenden sich künstlerisch-träumerischen Tätigkeiten zu. Die Wertvorstellungen der Buddenbrooks und damit die des gesamten Bürgertums gehen langsam unter.*

*Thomas Mann blieb in München in sicherer Entfernung, veröffentlichte weitere bedeutende Werke, u. a. „Der Tod in Venedig" und „Der Zauberberg". 1933 emigrierte er in die Schweiz. Die Nazis entzogen ihm später die deutsche Staatsbürgerschaft. Mann nahm daraufhin die tschechische an. 1939 ging er schließlich in die USA und wurde 1944 US-Bürger.*

*Nach Kriegsende kam er zurück in die Schweiz, wo er am 12.8.1955 im Alter von 80 Jahren starb. Kurz zuvor, am 20. Mai, verlieh ihm die Stadt Lübeck die **Ehrenbürgerschaft**, allerdings nur mit einer einzigen Stimme Mehrheit - so ganz hatte man ihm damals immer noch nicht verziehen. Das hat sich mittlerweile erledigt, heute hält die Hansestadt die Erinnerung an Thomas Mann und seinen Bruder Heinrich Mann in hohen Ehren. So wurde an der Stelle, an der sein Geburtshaus stand, in der Beckergrube 38, eine Gedenktafel anlässlich seines 100. Geburtstags enthüllt.*

ge von den Ursprüngen bis zur heutigen Generation und veranschaulicht die einzelnen Lebenswege in mehreren Stationen. Besonders eingehend wird die Biografie Thomas Manns beleuchtet, der von Lübeck nach München und dann ins Exil ging.

Die sich im oberen Bereich befindende **Ausstellung zum Roman „Buddenbrooks"** zeigt die Entstehungsgeschichte des Romans und führt dann in einige Räume, deren Dekoration der Beschreibung im Buch so genau als möglich entspricht, beispielsweise das Speisezimmer und das sogenannte Landschaftszimmer. Daher wird dieser Bereich auch ein „**begehbarer Roman**" genannt. Überall liegen kleine Zettel, die auf die passenden Romanstellen verweisen. Manche Möbel sind mit Tüchern abgedeckt, diese werden nur zu Weihnachten abgehängt. Ergänzt wird die Ausstellung um Theater- und Filmsequenzen des Romans und um verschiedene Ausgaben der Buddenbrooks.

› Mengstraße 4, Tel. 1224190, http://buddenbrookhaus.de, Eintritt: 6 €, Jugendliche bis 18 Jahre 2 €, außerdem verschiedene Familienkarten, 1.1.–31.3. 11–17 Uhr, 1.4.–31.12. 10–18 Uhr

### 9 St. Jakobikirche ★ [E3]

Im nördlichen Teil von Lübeck lebten bereits seit den Anfängen der Hanse die Seefahrer und viele Menschen, die als Bootsbauer, Seemann, Fischer oder Fernhändler arbeiteten. Somit bildete sich quasi ein eigenes Viertel heraus, das auch eine eigene Kirche hatte: St. Jacobi. Erbaut wurde dieses Gotteshaus, das auch „**Kirche der Seefahrer**" genannt wurde, um 1300, nachdem eine frühere, bereits 1227 erwähnte Kirche 1276 bei

einem Feuer vernichtet worden war. Die St. Jakobikirche ist nicht nur die Kirche der Seefahrenden, zu denen Schiffer, Bootsleute und Fischer zählen, sie ist auch die **Kirche der Pilger** auf dem Jakobsweg, der nach Santiago de Compostela im nordwestspanischen Galicien führt, denn der heilige Jakobus gilt auch als Schutzherr der Pilger. Darum findet sich an der Kirche auch eine Herberge (Jakobikirchhof 5, Tel. 0152 02889837), die gegen geringe Gebühr und Vorzeigen des Pilgerausweises genutzt werden kann.

Bei der Kirche handelt sich um eine **Stufenhallenkirche**, bei der das Mittelschiff etwas höher gebaut ist als die Seitenschiffe. Die fürchterliche Bombennacht von 1942 überstand die Kirche schadlos, weshalb noch heute zahlreiche Kunstwerke aus den

△ *Die St. Jakobikirche ist die Kirche der Seefahrer*

## Die „Pamir"

Die „Pamir" war eine 1905 erbaute Vier-mastbark der Reederei Laeisz und zählte zu den schnellen Flying-P-Linern, einer Flotte von Lastsegelschiffen, deren Namen alle mit „P" begannen. 1932 gewann das Schiff z. B die sogenannte „Weizenregatta", eine Wett-fahrt von Großseglern von Australien nach Europa. Nach Aufkommen der motorisier-ten Schifffahrt schwand die Bedeutung der Frachtsegler, sie waren schlicht zu langsam. Die „Pamir" wurde daraufhin in den 1950er-Jahren noch als frachtfahrendes Segelschul-schiff eingesetzt, genau wie das Schwester-schiff Passat **29** , das heute im benachbar-ten Ort Travemünde liegt.

Im September 1957 befand sich das Schiff auf der Fahrt von Buenos Aires nach Hamburg und hatte lose geschüttete Gerste an Bord. In der Nähe der Azoren geriet es in einen Hurrikan und kenterte am 21. Sep-tember. Nur sechs Mann der 86 Köpfe zäh-lenden Besatzung, von denen sehr viele junge Kadetten waren, konnten gerettet werden.

Hinterher versuchte man, die Gründe für den Untergang zu erforschen. Das Seeamt beschied, dass die verrutschte Ladung ursächlich schuld sei, was von Sei-ten der Reederei bestritten wurde. Die ging von einem Leck aus, was aber auch nicht belegt werden konnte. Der Untergang der „Pamir" läutete zugleich das endgül-tige Ende der frachtfahrenden Segelschul-schiffe ein.

---

Anfangsjahren zu bewundern sind. Darunter befinden sich beispielswei-se **Wandmalereien** mit Apostel- und Heiligenbildern aus dem Mittelalter, die man an den 10 Pfeilern des Mit-telschiffs findet. Gezeigt werden die 12 Apostel in doppelter Lebensgröße nebst einigen weiteren Heiligen.

Wer sich nach dem Passieren des Haupteingangs nach rechts wendet,

## Kleiner Abstecher: Haus aus dem Jahr 1260

Ganz in der Nähe der Jakobikirche, in der Kleinen Burgstraße 22 [E3], liegt das **„Kranenconvent"**. Dabei han-delt es sich um eines der ältesten Back-steinhäuser Lübecks, denn es wurde 1260 erbaut, sein Keller gilt sogar als der älteste erhaltene in Lübeck. In den Folgejahren veränderte man das Gebäude mehrfach, das Haus diente unter anderem als Armenhaus und später als Altenheim.

findet knapp vor dem Hochaltar auf der rechten Seite die Brömbse-Kapel-le, benannt nach Heinrich Brömbse, einem ehemaligen Lübecker Bürger-meister. Hier steht eines der wert-vollsten Kunstwerke der Kirche, der **Brömbse-Altar**. Es handelt sich um einen Sandsteinaltar, auf dem sehr detailgetreu die Kreuzigungsszene abgebildet ist. Bei geöffnetem Altar sieht man auf den zwei Bildtafeln links und rechts die Mitglieder der Fa-milie Brömbse.

Den spätbarocken **Hochaltar** von St. Jacobi schuf 1717 Hieronymus Hassenberg. Hierbei handelt es sich um einen dreigeteilten, von Säulen getragenen Holzaufbau. Im unte-ren Altarbereich ist die Abendmahls-szene abgebildet, darüber die Grab-legung Christi. Die St. Jakobikirche zeigt diese Szene als einzige Kirche Lübecks, in den anderen wurde im-mer die Kreuzigungsszene gewählt.

Die Kanzel aus Holz wurde 1698 vom Bildhauer Jakob Budde erschaffen. Das auffällige **Taufbecken** wurde bereits 1466 von Klaus Grude aus Bronze gegossen im Auftrag des Ratsherren Johann Broling, woran ein Spruchband in gotischer Schrift erinnert. Drei kniende Engel tragen das Becken. Der darüber befindliche Taufdeckel ist eine Schnitzarbeit aus Holz von Heinrich Sextra.

Ungewöhnlicherweise besitzt die Kirche zwei Orgeln. Die **Stellwagenorgel** schräg gegenüber vom Eingang stammt aus dem 15. Jh. und wurde von Friedrich Stellwagen 1636–1637 grundlegend umgebaut. Sie gilt als eine der ältesten bespielbaren Kirchenorgeln weltweit. Die prächtige **Große Orgel** stammt ursprünglich auch aus dem 15. Jh., wurde aber in späteren Jahren mehrfach erweitert.

In einer **Turmkapelle** liegt das letzte **Rettungsboot des Segelschulschiffes „Pamir"**, das 1957 unterging. Von 86 Mann an Bord konnten nur sechs gerettet werden. Seit 2007 ist diese Kapelle eine „Nationale Gedenkstätte für die zivile Seefahrt".

Draußen vor der Kirche stehen einige dreigeschossige Backsteintraufenhäuser aus dem Jahr 1601, in denen einst die Pastoren der St. Jakobikirche wohnten.

❯ Jakobikirchhof 3, Tel. 308010, www.st-jakobi-luebeck.de, April–Okt. 10–18 Uhr, Nov.–März 10–16 Uhr, Okt.–April Mo. immer geschlossen

❿ **Engelsgrube und die Gänge** ★★★ **[D3]**

*Die Straße Engelsgrube ist nicht nach irgendwelchen Engeln benannt, sondern nach vormaligen Englandfahrern, die an der Trave einen Teil des Hafens zur Verfügung gestellt bekamen und ihre Waren im Gebiet dahinter lagern konnten, beispielsweise in der abzweigenden Straße „Engelswisch" (bedeutet ungefähr: „Wiese der Engländer").*

Die Engelsgrube führt aus dem Altstadtzentrum, genauer gesagt von der Jakobikirche, hinunter zur Trave. Entlang dieser Straße findet man ein paar Kneipen, soziale Einrichtungen und einige Geschäfte. Insgesamt zeigt die Straße heute also eher die alltägliche Normalität. Ungewöhnlich aber sind die **vielen Gänge und Höfe**, die von dieser Straße abzweigen. Die meisten werden auch heute noch bewohnt und sind deshalb auch **kein Freiluftmuseum** – eine geschlossene Tür sollte unbedingt respektiert werden. Hier wohnten früher die Hafenarbeiter, die Kistenpacker, die Kornträger und andere schwer arbeitende Menschen, nach denen noch heute die Gänge benannt sind. So finden Flaneure hier beispielsweise:

❯ **Garbereiter Gang** (Haus Nr. 77) (der Begriff stammt vom Wort „Garbrater" ab, eine alte Bezeichnung für einen Koch)
❯ **Brandweinbrenner Gang** (Haus Nr. 61)
❯ **Schlachter Gang** (Haus Nr. 48) und
❯ **Spinrademacher Gang** (Haus Nr. 21), erbaut zwischen 1540 und 1560 im Barockstil.

Etwa in der Mitte der Engelsgrube zweigt die Straße **Engelswisch** ab. Hier befinden sich sehr niedrige Eingänge zu zwei sehr schönen Gängen, durch die man bis hinunter zur

❯ *Alte Segler-Pracht im Museumshafen*

Untertrave gehen kann. Es sind dies der **Hellgrüne Gang** (Haus Nr. 28) und der **Dunkelgrüne Gang** (Haus Nr. 20), so benannt, weil hier einst Wiesen und Gärten das Bild prägten. Die schmalen Gänge führen durch ein sehr **ruhiges, idyllisches Viertel** mit kleinen, gepflegten Häusern und winzigen Plätzen. Dieses Gängeviertel am Engelswisch ist uralt, bereits ab 1587 wurde es bebaut. Im 17. Jahrhundert wurde ein Großteil des Viertels durch eine Schießpulverexplosion zerstört, kurz danach begann man aber mit dem Wiederaufbau. Aus dieser Epoche stammen noch die meisten der heutigen Häuser. Man kann das Viertel auch von der Untertrave betreten, konkret bei den Hausnummern 19 und 26, außerdem noch von einer kurzen Gasse namens Alsheide.

Auch den vor einem Renaissancehaus an der Engelsgrube 43 abzweigenden **Bäckergang** kann man betreten, er führt hinüber zur benachbarten Straße Fischergrube. An diesem Gang stehen überwiegend zweigeschossige Fachwerkhäuser, von denen einige sehr schön gestaltet sind. Die ersten Buden wurden hier bereits 1303 erbaut.

## ⓫ Museumshafen ★ [C3]

An der Untertrave liegen zwischen Drehbrücke sowie Musik- und Kongresshalle (s. S. 31) etwa **ein Dutzend historischer Schiffe**, vor allem Traditionssegler. Im Sommer wechseln die meisten Schiffe allerdings in den benachbarten Hansahafen vor den Media Docks (Willy-Brandt-Allee 31 a) jenseits der Drehbrücke, da diese als störanfällig gilt und manche der Schiffe noch regelmäßig in See stechen.

Hier liegen vor allem typische Lastensegler und Fischkutter, die die Ostsee befuhren, aber auch beispielsweise der Nachbau eines Seenotrettungskreuzers aus dem Jahr 1892 oder die „Hansine", ein Haikutter aus dem Jahr 1898. So wird ein in Dänemark

039lk Abb.: hf

**KLEINE PAUSE**

**Kleine Pause …**

… in der Fisch-Hütte. Der kleine Imbiss neben der Drehbrücke am Hafen wirkt ziemlich unscheinbar, ist aber ein echter Tipp. Hier gibt es Fischgerichte mit hauseigenen Soßen, aber auch frische Fischbrötchen und „große Portionen zu kleinem Preis" – und einen netten Blick aufs Wasser gibt's dazu.

🧭 95 [C3] **Fisch-Hütte Lübeck,** An der Untertrave 54 B, Tel. 73378, www.fischhuette-luebeck. de, tägl. 11–20 Uhr

Anfang des 20. Jahrhunderts gebautes Fischereischiff genannt, die Bezeichnung hat jedoch nichts mit dem Haifang zu tun. Eines der Merkmale dieses Schiffes war der frühzeitige Einsatz von Hilfsmaschinen, um Netze oder Anker schneller einholen zu können. Ganz oben im Hafen, etwa in Höhe von Schuppen 9, liegt **die „Lisa von Lübeck",** eine nachgebaute Kogge aus der Zeit der Hanse, die auch noch manchmal in See sticht.

Eines der ältesten Schiffe im Museumshafen ist die „**Fridthjof**", eine Galeasse von 1881, die in Norwegen für die Eisfahrt gebaut wurde und von 1895 bis 1896 als Versorgungsschiff auf der Eismeer-Expedition des Polarforschers Fridtjof Nansen zum Einsatz kam.

⌂ *Fischbrötchen und „große Portionen zu kleinen Preisen" gibt es in der Fisch-Hütte*

**⑫ Burgtor** ★★ **[E2]**

Das Burgtor war eines von insgesamt vier Stadttoren und ist neben dem Holstentor ❷ das einzige noch existierende **Lübecker Stadttor**. Es sicherte die Stadt gen Norden ab und war zeitweilig das innere von insgesamt drei hintereinander gelegenen Toren, was auch die Bedeutung dieses Zugangs verdeutlicht. Neben dem Tor befinden sich noch **Überreste der mittelalterlichen Stadtmauer**. Erbaut wurde das eigentliche Tor im 13. Jahrhundert, 1441 wurde es noch einmal erhöht. Seit 1685 trägt das Tor die barocke Haube.

Der Turmbau überragt deutlich die benachbarten Gebäude. Insgesamt wirkt der Bau ein wenig uneinheitlich und nicht so geschlossen wie beispielsweise das Holstentor. Noch heute fließt der **Verkehr** durch das Burgtor in die Altstadt bzw. auch wieder hinaus, einschließlich einiger Buslinien. Zeitweise dachte man sogar daran, das Tor abzureißen, das glücklicherweise verhindert werden konnte. Das erhöhte Verkehrsaufkommen ab dem 19. Jahrhundert machte die Anlage weiterer Torbögen nötig, sodass drei der vier heute vorhandenen erst nachträglich entstanden.

Aus der Stadt kommend rechts steht das **Zöllnerhaus**, ein Backsteinhaus im Renaissancestil aus dem Jahr 1571. Hier ist ein Terrakottafries angebracht mit Wappen von Lübeck und Mecklenburg, die sich mehrfach wiederholen. Sie stammen aus der Werkstatt von Statius von Düren. Das links befindliche **Torhaus** trägt einen spätgotischen Treppengiebel, der etwa um 1450 entstand.

Ganz links befindet sich der ehemalige **Marstall** mit Fachwerk im oberen Teil, an dem skurrile Figuren von Bürgern, Bettlern und Musikanten angebracht sind. Das Gebäude wird seit vielen Jahren als Jugendzentrum genutzt.

Auf der stadtauswärtigen Seite befinden sich die Skulpturen von zwei gewaltigen **Löwen**, geschaffen von Fritz Behn, die motivisch zu den bekannten Löwen vor dem Holstentor passen.

081lk Abb.: sm

### 🔴 **Burgkloster** ★ [E3]

*Das Burgkloster zählte im Mittelalter zu den bedeutendsten Klosteranlagen Norddeutschlands und beherbergte bis vor Kurzem ein Kulturzentrum. Momentan werden Ausgrabungen an der historischen Stätte mit Renovierungsarbeiten und dem Bau des neuen Hansemuseums verknüpft.*

Erbaut wurde das Kloster 1229 von den Dominikanern an der Stelle, an der vorher eine slawische Burg stand. Hintergrund war das Ende der dänischen Herrschaft im Ostseeraum, das durch die Schlacht von Bornhöved am 22. Juli 1227 herbeigeführt wurde. Unter den Siegern waren auch Lübecker, die zum Dank dieses Kloster errichteten und es nach Maria Magdalena benannten, weil der Tag der Schlacht auf den Namenstag der Heiligen fiel. Sie soll beim Kampf geholfen haben, indem sie rechtzeitig eine Wolke vor die Sonne schob, die so die späteren Sieger nicht mehr blenden konnte. Der Name „Maria-Magdalenen-Kloster" konnte sich aber nie entscheidend durchsetzen, für die Lübecker Bevölkerung blieb es immer das „Burgkloster".

*⌂ Noch heute verlässt man die Stadt durch das nördlich gelegene Burgtor Richtung Travemünde*

Etwa 300 Jahre fand hier klösterliches Leben statt, was auch bedeutete, dass reiche Kaufleute beichteten und spendeten. Das Kloster sammelte auf diese Weise **reiche Kunstschätze**. Mit der Reformation im 16. Jahrhundert endete das Klosterleben, danach wurde das Gebäude zunächst als Armenhaus genutzt. Ende des 19. Jahrhunderts baute man das ehemalige Wirtschaftsgebäude des Klosters an der Großen Burgstraße zu einem Gerichtsgebäude mit Zellen um. Während der NS-Zeit wurden hier Regimekritiker und jüdische Mitbürger eingesperrt. 1943 kam es zu einem Prozess gegen vier Lübecker Geistliche, die später hingerichtet wurden. (2011 wurden drei der vier Geistlichen selig gesprochen.)

Momentan ist das Burgkloster geschlossen, das Museum ebenso. Einmal ums Eck wird aber kräftig gebaut: Ein neues, tolles Projekt soll bis März 2015 entstehen, nämlich ein **Europäisches Hansemuseum**, ein Themenmuseum zur Geschichte der Hanse. Das Burgkloster wird renoviert und architektonisch mit dem völlig neu gebauten Museum verbunden.

❯ www.hansemuseum.eu

🔟 **Heiligen-Geist-Hospital** ★★★ [E3]

*Dieses Hospital ist eine der ältesten Sozialeinrichtungen Europas und gleichzeitig eines der besonders eindrucksvollen Gebäude in Lübeck. Hier lebten bis 1970 ältere Lübecker in einem großen Saal in kleinen hölzernen Kammern, den Kabäuschen, bis sie schließlich doch umziehen mussten.*

Das Heiligen-Geist-Hospital wurde von wohlhabenden Lübecker Bürgern gestiftet und 1260 bis 1286 im Stil der **Backsteingotik** errichtet. Hier wurden zunächst kranke Menschen behandelt, später verwandelte sich das Haus in eine Art **Altenheim**.

Der Komplex bestand aus Kirche und Langhaus. Sehr auffällig ist die **Außenfassade** mit ihren drei Giebeln und den vier schlanken Türmen. Über dem Haupteingang hängen insgesamt 18 gestiftete Glocken, die viermal am Tag ein **Glockenspiel** darbieten (um 9.55, 11.55, 15.55 und 17.55 Uhr). Der Eingangsbereich besteht aus der ehemaligen **Kirche**, die dem Langhaus vorgelagert ist. Im Inneren fallen die sehr schönen Glasmalereien und der schmuckvolle Lettner über dem Eingang zum Hospitalbereich ins Auge. Der **Lettner**, eine Art hölzerne Schranke zur Abtrennung von Kirche und weltlichem Bereich, ist mit 23 Eichenholztafeln geschmückt, welche die Elisabeth-Legende erzählen. Diese berichtet, dass Gräfin Elisabeth von Thüringen (1207–1231), Tochter des ungarischen Königs, nach dem frühen Tod ihres Gatten ärmliche und einfache Schwester in einem Spital wurde. Sie verstarb bereits mit 24 Jahren.

Außerdem befinden sich im Kirchenraum 13 Holzfiguren von Heili-

🔽 *Das Heiligen-Geist-Hospital wird abends zauberhaft illuminiert*

082|k Abb.: hj

gen aus dem 14. und 15. Jh. sowie zwei Altäre und eine Kanzel. Prägend für den Raum sind zwei sehr schöne, großformatige **Wandgemälde**, die auf etwa 1320 datiert werden. Sie zeigen zum einen den salomonischen Thron, über dem Christus mit Maria sitzt, zum anderen die *Majestas Domini* („Herrlichkeit Gottes"): Christus umgeben von den Symbolen der vier Evangelisten.

Das **Langhaus** war die Wohnstätte für weit über 100 ältere Lübecker. Die Bewohner schliefen im Langhaus, zunächst standen die Betten in langen Reihen in der großen Halle angeordnet. So konnten sie auch dem Gottesdienst folgen. Die kleinen, erst 1820 errichteten **Kojen** sorgten dann für etwas Privatsphäre. Rechts im Gang schliefen die Männer, links die Frauen. Die typischen Wohnkojen, „Kabäuschen" genannt und 6 m² groß, sind noch erhalten, eine davon kann besichtigt werden. Man kann nur staunen, wie genügsam und zugleich beengt die Menschen damals gelebt haben. Erst 1970 erschien diese Art der Unterbringung nicht mehr

zeitgemäß und die letzten Bewohner wurden in Altenwohnungen umgesiedelt. Angeblich waren nicht alle Bewohner damit einverstanden.

❯ Koberg 11, Tel. 7995610, April–Sept. Di.–So. 10–17 Uhr, Okt.–März Di.–So. 10–16 Uhr, Eintritt frei

**EXTRATIPP**

### Lokale im Hospitalkeller

Außerhalb des Hospitalkomplexes liegen an der Südseite in den Kellergewölben zwei nette Restaurants: der **Kartoffelkeller** (s. S. 22) und der Historische Weinkeller.

❷**96** [E3] **Historischer Weinkeller**€€, Koberg 6–8, Tel. 76234, www. historischer-weinkeller-hl.de, So.– Do. 11.30–22, Fr./Sa. 11.30–23 Uhr. Weinlokal mit internationaler und regionaler Küche.

### Weihnachtsmarkt im Hospital

Jedes Jahr Ende November bis Anfang Dezember findet an elf Tagen ein wunderschöner **Kunsthandwerkermarkt** mit hochwertigem Angebot im Heiligen-Geist-Hospital statt.

### ⓯ Museum Behnhaus Drägerhaus ★★ [E3]

In der Königstraße stehen zwischen Glockengießerstraße und Koberg **zwei Kaufmannshäuser mit klassizistischer Fassade**, zu finden unter den Hausnummern 9 und 11.

Das **Behnhaus** (Nr. 11) entstand auf Veranlassung des wohlhabenden Kaufmanns Peter Hinrich Tesdorpf in den Jahren 1777 bis 1782 durch den Umbau zweier älterer Häuser. Die Innenräume gestaltete und dekorierte Joseph Christian Lille wahrscheinlich zwischen 1802 und 1805. Lille war damals Hofdekorateur am Königshof in Kopenhagen. Es entstand ein prächtiges Domizil, das noch heute als **Beispiel für ein großbürgerliches Wohnhaus** um 1800 gelten kann. Beeindruckend ist schon die **große Diele**, sie gilt noch heute als eine der größten in Lübeck, aber auch die anderen stilvoll eingerichteten Räume. Unten wohnte der Hausherr, oben die Gemahlin. Das Behnhaus trägt heute den Namen der letzten Besitzerfamilie, die hier von 1823 bis 1920 wohnte. 1920 wollte eine Bank im Haus ihre Geschäftsräume einrichten, was aber durch eine Privatinitiative verhindert werden konnte. Sie kaufte das Haus und überließ es der Stadt Lübeck mit der Auflage, eine Gemäldeausstellung für die Öffentlichkeit einzurichten.

Das benachbarte **Drägerhaus** wurde 1979 von der Drägerstiftung erworben, umgebaut und dann in den Museumskomplex integriert. Auch in diesem Haus lebte ein reicher Lübecker Kaufmann, ein Weinhändler. Das Haus wurde 1756 im Stil des Spätbarocks eingerichtet. Im Erdgeschoss befindet sich eine einzigartige Festraumfolge, die sich an französischen Vorbildern orientiert. Der große Festsaal wurde im Rokokostil eingerichtet.

☑ *Kunstvolle Fassadengestaltung: das Museum Behnhaus Drägerhaus*

042lk Abb.: sm

In beiden Häusern werden **Gemälde und Plastiken** ausgestellt, außerdem sind die Räume mit stilvollen Möbeln aus der Zeit der ursprünglichen Besitzer dekoriert, was eine ganz eigene Atmosphäre schafft, die weniger museal und mehr privat erscheint.

Ausgestellt sind **Werke des 19. Jahrhunderts und der klassischen Moderne** aus den Anfängen des 20. Jahrhunderts. So sind beispielsweise Werke von Caspar David Friedrich und anderen Romantikern zu finden, weiterhin Bilder von Expressionisten wie Ernst Ludwig Kirchner, Max Beckmann oder auch Ernst Barlach, außerdem von Lübecker Künstlern. Auch Werke von **Edvard Munch,** der sich zwischen 1902 und 1907 mehrfach in Lübeck aufhielt und die Söhne seines Mäzens Dr. Linde malte, sind im Museum ausgestellt.

› Königstraße 9–11, Tel. 1224148, www. die-luebecker-museen.de, Eintritt: 6 €, 1.1.–31.3. Di.–So. 11–17 Uhr, 1.4.– 31.12. Di.–So. 10–17 Uhr

043lk Abb.: sm

## ⓰ **Willy-Brandt-Haus** ★★ [E4]

Die Ausstellung bietet eine sehr interessante **multimediale Zeitreise** durch die abwechslungsreiche Biografie Willy Brandts. In sieben Räumen werden entscheidende Stationen seines Lebens und Wirkens sehr anschaulich dargestellt, angefangen bei der Weimarer Republik und endend mit der deutschen Wiedervereinigung. Schwerpunkte der Ausstellung sind seine Jugendjahre, die Exilphase, die Berliner Jahre, dann die Regierungszeit in Bonn als Bundeskanzler bis zu seinem Rücktritt.

Besucher können an allen Stationen mit der interaktiven Eintrittskarte **Text-, Film- und Tondokumente** auswählen und so durch Originalstimmen und -filme die vergangenen Zeiten noch einmal heraufbeschwören, so beispielsweise Filmaufnahmen vom gescheiterten Misstrauensvotum 1972. Sehr spannend ist die unterschiedliche Berichterstattung desselben Sachverhalts im ostdeutschen bzw. westdeutschen Fernsehen. Und wer als Besucher selbst aktiv werden möchte, hat auch dazu Gelegenheit, denn im Museum findet sich auch ein nachgebildetes Rednerpult aus dem Bundestag.

Im Garten steht ein **Reststück der Berliner Mauer.** Durch diesen Garten gelangt man auch zum Günter-Grass-Haus ⓲, allerdings muss für den Besuch dieses Hauses eine Eintrittskarte erworben werden.

› Königstraße 21, Tel. 1224250, www. willy-brandt.de, Eintritt frei, Jan.–März Di.–So. 11–17 Uhr, April–Dez. tägl. 11–18 Uhr

◁ *Im Willy-Brandt-Haus kommen nicht nur SPD-Fans auf ihre Kosten*

## Willy Brandt (1913–1992)

*Willy Brandt wurde am 18.12.1913 in der Lübecker Vorstadt St. Lorenz-Süd unter dem Namen Herbert Frahm als* **uneheliches Kind** *geboren, was in der damaligen Zeit ein gewisses Stigma war. So konnte das Kind beispielsweise nicht in einer Gemeindekirche getauft werden. Den Namen „Willy Brandt" verwendete Frahm ab 1934 zunächst als Deckname, 1949 wechselte er seinen Namen offiziell.*

*1932 bestand er das Abitur am ehrwürdigen Johanneum in Lübeck, bereits ein Jahr vorher trat er nach einem kurzen Gastspiel in der SPD in die Sozialistische Arbeiterpartei (SAP) ein. 1933 wurde diese Partei nach Hitlers Machtergreifung sofort verboten. Kurz darauf* **emigrierte Brandt** *nach Oslo, ab 1940 lebte er in Schweden und blieb dort bis zum Kriegsende. Im gleichen Jahr erhielt er die norwegische Staatsbürgerschaft. 1945 kehrte er als Korrespondent für skandinavische Zeitungen nach Deutschland zurück, 1948 erhielt er die deutsche Staatsbürgerschaft zurück.*

*Ab 1949 war Brandt Mitglied des Deutschen Bundestages als SPD-Abgeordneter für Berlin, nicht für Lübeck – die Hansestadt kam ihm nach den Exiljahren doch etwas klein vor. Er blieb bis auf kurze Unterbrechungen bis zu seinem Todesjahr 1992 Bundestagsabgeordneter.*

*1957 wurde Brandt* **Regierender Bürgermeister von Berlin** *und erlangte dort große Beliebtheit. In seine Regierungszeit fiel der Bau der Berliner Mauer und der Besuch des US-Präsidenten John F. Kennedy, bei dem letzterer seinen berühmten Satz „Ich bin ein Berliner" sprach. 1966 schied Brandt aus diesem Amt.*

*Bereits im Jahr 1961 unterlag er als* **Kanzlerkandidat** *bei der Bundestagswahl Konrad Adenauer und musste sich im Wahlkampf einige hässliche Anspielungen auf seine Exiljahre und seine uneheliche Herkunft anhören. 1965 unterlag Brandt erneut im Bundestagswahlkampf, diesmal gegen Ludwig Erhard. Auch im Zuge dieser Wahl kam es zu starken Polarisierungen. Während bekannten Nazis verziehen wurde – sie durften wieder Posten und Ämter bekleiden –, wurde ihm, Brandt, seine Exilzeit erneut vorgeworfen. Trotzdem wurde er 1966 Außenminister in einer Großen Koalition unter Kanzler Kiesinger.*

*Nach der Bundestagswahl 1969 bildete die SPD eine sozialliberale Koalition mit der FDP und Brandt wurde zum Bundeskanzler gewählt. In seine Amtszeit fiel der Versuch einer* **neuen Ostpolitik** *und auch im Inneren wollte Brandt „ ... mehr Demokratie wagen". Herausragendes Symbol seiner Neuausrichtung gegenüber dem Ostblock war der* **Kniefall von Warschau** *am 7.12.1970 vor dem Denkmal der Helden des Ghettos.*

*Am 19.3.1970 kam es in Erfurt zum* **ersten deutsch-deutschen Treffen** *zwischen Willy Brandt und dem damaligen Ministerpräsidenten der DDR, Willi Stoph. Am 21.5. desselben Jahres traf man sich erneut, diesmal in Kassel. In Erfurt wurde Brandt mit „Willy, Willy"-Rufen begeistert empfangen, was die Staatsmacht auf den Plan rief. Die Menschen behaupteten jedoch einfach, dass sie selbstverständ-*

lich den anderen meinten und „Willi, Willi" gerufen hätten … 1971 erhielt Brandt für seine Ostpolitik den **Friedensnobelpreis.**

Innenpolitisch versuchte seine Regierung einige Reformen, vor allem in der Bildungspolitik, aber auch im sozialen Bereich. Allerdings fiel in diese Phase auch der sogenannte „Radikalenerlass", den Brandt später selbst als Fehler bezeichnete. Insgesamt war die Mehrheit im Bundestag relativ knapp und es gab etliche Abgeordnete, die mit Brandts Politik nicht einverstanden waren und deshalb zur CDU wechselten. 1972 hatte die CDU/CSU rechnerisch eine Mehrheit und stellte deshalb im Bundestag ein **konstruktives Misstrauensvotum,** um Brandts Regierung abzulösen. Bei dieser Abstimmung fehlten am Ende aber zwei Stimmen. Jahre später wurde bekannt, dass die Stasi wahrscheinlich zwei CDU-Abgeordnete bestochen hatte, damit sie doch für Brandt stimmten. Bei den Neuwahlen 1972 erhielt die Regierung Brandt genügend Stimmen für eine stabile Mehrheit.

1974 trat Brandt zurück, nachdem einer seiner engeren Mitarbeiter, Günter Guillaume, als DDR-Spion enttarnt worden war. Zuvor schon hatte es Gerüchte um Amtsmüdigkeit, Alkoholprobleme und Frauenaffären gegeben. Ein weiteres Gerücht, dass sich bis heute hält, besagt, dass Herbert Wehner, damaliger Fraktionsvorsitzender der SPD, Brandt von seinen Rücktrittsgedanken nicht gerade abgehalten hätte. Brandt blieb Mitglied des Bundestages und wurde **Ehrenvorsitzender der SPD.** Er verstarb am 8. Oktober 1992.

### ⑰ Glockengießerstraße mit Stiftungshöfen ★★★　[E4]

Die Glockengießerstraße verläuft von der Königstraße abzweigend hinunter Richtung Wakenitz und mündet heute in die Kanalstraße. Sie ist überwiegend von Wohnhäusern geprägt, aber auch einige kleinere Geschäfte finden sich hier. Zwei Stiftungshöfe aus dem 17. Jahrhundert, die wohlhabende Lübecker für Arme stifteten, ragen jedoch heraus. Sowohl der Füchtingshof als auch der Glandorps Hof zählen zu den schönsten Stiftungsanlagen der Stadt.

Der **Füchtingshof** gilt als **größter und prächtigster Stiftungshof** und liegt an der Glockengießerstraße 25. Das Vorderhaus ist mit einem Wappen des Stifters Johann Füchting (1551–1637) geschmückt. Der Kaufmann Füchting kam 1605 nach langen Auslandsjahren zurück nach Lübeck und wurde Bürger der Stadt. Da seine Ehe kinderlos blieb, verfügte er, dass ein Drittel seines Vermögens für die Armen der Stadt in eine Stiftung eingebracht werden soll. Aus diesem Kapitalstock wurde dann der Füchtingshof finanziert, 1639 wurde der Hof fertiggestellt. Um den **geräumigen Innenhof** liegen insgesamt 21 Wohnungen in kleinen zwei- bis dreigeschossigen Häusern, die etwas gedrungen wirken. Hier durften verarmte Witwen von Schiffern und Kaufleuten wohnen. Im Hintergrund ragt auffällig das Vorsteherzimmer in den Hof hinein.

**Glandorps Hof und Gang** ist der älteste Stiftungshof der Stadt, zu finden an der Glockengießerstraße 39–53. Johann Glandorp (1556–1612) war Kaufmann und Schonenfahrer. 1603 ließ er zunächst in der Glockengießerstraße 49–51 einen **Wohnhof** bauen, in dem bis zu 14 verarmte

083lk Abb.: sm

Witwen kostenfrei wohnen konnten. Dieser Bereich wird heute noch genutzt und hat zweigeschossige, kleine und vor allem äußerst schmucke Häuschen. Später kam der Glandorps **Gang** an der Glockengießerstraße 39–41 dazu, hier wohnten 16 arme Witwen in Gangbuden auf jeweils 16 m². Beide Bereiche wurden später miteinander verbunden.

Angeschlossen ist auch noch das **Illhornstift**. Die Anlage wurde in den 1970er-Jahren großzügig modernisiert, heute wohnen hier wieder alte Menschen. Über dem Eingang des Haupthauses an der Glockengießerstraße 39–41 befindet sich an der Fassade das reich geschmückte Wappen der Familie.

› Tipp für Besucher mit Kindern: An der Glockengießerstraße 64 liegt der schmale **Nöltings Gang**, der aber nach dem Passieren eine echte Überraschung bietet, nämlich einen sehr großen **Kinderspielplatz**: 1.3.–31.10. 8–19 Uhr, in den Sommerferien 8–20 Uhr, 1.11.–28.2. 8 Uhr bis zum Einbruch der Dunkelheit.

### ⑱ Günter-Grass-Haus ★ [E4]

Das Haus versteht sich als **Forum für Literatur und Bildende Kunst** und bietet Einblicke in das vielfältige Schaffen von Günter Grass. Dieser ist zwar vor allen Dingen als Schriftsteller bekannt, aber tatsächlich arbeitet Grass schon seit Jahrzehnten auch als Künstler an Skulpturen, Aquarellen, Zeichnungen und Grafiken. Im Foyer finden sich an den Wänden Zitate zu Grass, Mario Adorf liest aus dem Off weitere vor und oben an der Decke hängen Werke vom Autor. Im Vorraum sind sowohl Bücher als auch Skulpturen ausgestellt, die auf sein vielfältiges künstlerisches

**EXTRATIPP**

**Günter-Grass-Wein**
Die kleine Weinhandlung **Wein Castell** (s. S. 18) neben dem Günter-Grass-Haus führt Weine mit Etiketten im Angebot, die exklusiv von Günter Grass entworfen wurden.

Schaffen hindeuten. Außerdem kann man hier einen Blick auf die Nobelpreis-Urkunde werfen. Im Hauptraum stehen mehrere Touch-Screens, auf denen wichtige Lebensthemen von Grass aufbereitet werden. Im oberen Stockwerk finden Wechselausstellungen statt. Im kleinen Skulpturengarten steht auch das bekannte Werk „Butt im Griff". Durch den Garten erreicht man das Willy-Brandt-Haus ⑯. Ein Buch- und Kunstshop sowie ein Archiv sind ebenfalls angeschlossen.

❯ Glockengießerstraße 22, Tel. 1224230, http://grass-haus.de, Eintritt: 6 €, 1.1.– 31.3. Di.–So. 11–17, 1.4.–31.12. tägl. 10–17 Uhr

## ⑲ St. Katharinenkirche ★ [E4]

Die St. Katharinenkirche ist eine **Museumskirche.** Ursprünglich erbaut zwischen 1300 und 1370, gehörte die turmlose Kirche zu einem Franziskanerkloster. Dieses Kloster existierte von 1225 bis zur Reformation 1531. Der gesamte Gebäudekomplex des ehemaligen Klosters wird heute von einem Gymnasium, dem „Katharineum", und von der Stadtbibliothek genutzt. Nach der Reformation wurde das Kloster zunächst in eine Lateinschule umgewandelt, die Kirche wurde bis ins 19. Jh. noch als Filialkirche der St. Marienkirche ⑥ genutzt. Danach wurde sie profaniert und diente für Messen oder Ausstellungen.

Aktuell wird die Kirche umgestaltet mit dem Ziel, sie in den Originalzustand des 14. Jahrhunderts zu versetzen. Im Zuge der Restaurierung wurden **wertvolle Wandmalereien** freigelegt. Eines der wertvollsten

Kunstwerke dürfte ein über 3 Meter hohes **Gemälde von Jacopo Tintoretto** aus dem Jahr 1575 sein, es hängt rechts vom Eingang und zeigt die „Auferweckung des Lazarus". Weiteres wertvolles Interieur sind die Triumphkreuzgruppe, die um 1450 entstand, und das Chorgestühl im Obergeschoss aus dem Jahr 1329. Dort versammelten sich die Franziskanermönche zum Gebet. Ein Fresko aus den Anfängen des 15. Jahrhunderts schmückt den Treppenaufgang zum Chor. Weiteres Kircheninventar befindet sich im St.-Annen-Museum ㉑. Große Teile des Fußbodens der Kirche sind mit Grabplatten versehen, da St. Katharinen **als Beerdigungskirche sehr beliebt** war, auch nach der Reformation.

Draußen an der Westfassade der Kirche an der Königstraße befinden sich drei **Nischenfiguren** (Titel: „Gemeinschaft der Heiligen"), die Ernst Barlach konzipierte: Frau im Wind, Bettler und Singender Klosterschüler. Nach seinem Tod wurden sie von Gerhard Marcks vollendet und um sechs weitere Skulpturen ergänzt, die 1949 aufgestellt wurden: Christus als

EXTRATIPP

### Kurzer Abstecher zum Haasenhof [E4]

Der Haasenhof zweigt von der Doktor-Julius-Leber-Straße 37–39 ab und wurde zwischen 1726 und 1729 errichtet. Stifterin war Elisabeth Haase, Witwe des Weinhändlers Johann Haase. Sie ließ 13 Wohneinheiten für Witwen und ledige Frauen bauen. Der Hof zeigt sich heute als eine sehr **schön begrünte Hofanlage** mit zweigeschossigen Häusern mit Fachwerkdachkern und wurde schon häufiger **als Filmkulisse genutzt.**

◁ *Der bestens erhaltene Füchtingshof*

Schmerzensmann, Brandstifter, Jungfrau, Mutter mit Kind, Kassandra und Prophet.

> Königstraße, Ecke Glockengießerstraße, momentan aufgrund umfangreicher Renovierungsarbeiten geschlossen

## ⓴ St. Aegidienkirche ★ [E5]

Die St. Aegidienkirche ist nach dem heiligen Ägidius benannt (ca. 640–720), einem griechischen Händler, der jahrelang in einer Höhle als Einsiedler von der Milch einer Hirschkuh gelebt haben soll. Deshalb wird er in Bildnissen immer mit einer Hirschkuh dargestellt. Er gilt als Schutzpatron der Hirten und der stillenden Mütter.

Die Kirche ist die kleinste der fünf Altstadtkirchen, was ihr auch den scherzhaften Beinamen der „prächtigsten Dorfkirche Norddeutschlands" einbrachte. In der Tat überrascht die Kirche im Inneren mit prächtiger Ausstattung, auch weil ihre **Kunstschätze** in der Bombennacht 1942 nicht zerstört wurden, nur die Fensterscheiben gingen zu Bruch.

Eine erste Beurkundung der Aegidienkirche stammt aus dem Jahr 1227, wahrscheinlich handelte es sich damals um eine bescheidene Holzkirche. Die heutige St. Aegidienkirche ist äußerlich ein typischer Vertreter der Backsteingotik. Sie wurde als dreischiffige Hallenkirche mit leicht erhöhtem Mittelschiff (etwa 15 Meter hoch) und etwas niedrigeren Seitenkapellen und Seitenschiffen (etwa 11 Meter hoch) errichtet. Der Turm misst 86 Meter Höhe. Die Kirche steht im ehemaligen **Viertel der Handwerker**. Es fehlt ihr etwas an Pracht, was manche andere Kirche auszeichnet, die von reichen Kaufleuten regelmäßig besucht und später testamentarisch beschenkt wurden. Allerdings

wurde auch die St. Aegidienkirche zumindest einmal aus dem Nachlass eines reichen Kaufmanns bedacht.

Das Gotteshaus strahlt im Inneren eine gewisse weihevolle Würde aus. Hinter den weiß gehaltenen Wänden verbargen sich **gotische Wandmalereien**, die bislang teilweise freigelegt wurden. Mächtige Bögen tragen die Decke, die Holzbänke strahlen Historie aus. Die **prächtige Orgel** entstand im Dreißigjährigen Krieg (1624–1626) von Hans Scherer dem Jüngeren und trägt sehr schöne Schnitzarbeiten. Der 1453 gegossenen Bronzetaufe wurde ein Teil des Figurenschmucks geraubt. Die Barockkanzel wurde 1706–1708 aus den Mitteln der Stiftung des Kaufmanns Lorenz Russe erbaut, der bereits 1584 verstarb. Neben der Barockkanzel steht der **Lettner**, auf dem einst die Chöre sangen. Erschaffen wurde der mit biblischen Szenen verzierte Lettner 1587 von Tönnies Evers dem Jüngeren. Der **Barockaltar** stammt aus dem Jahr 1704 und zeigt u. a. die Darstellung des Abendmahls sowie die Kreuzigungsszene. Ein früherer gotischer Flügelaltar wurde an eine Kapelle in Groß Grönau abgegeben und befindet sich seit seiner Rückkehr 1913 im St.-Annen-Museum in Lübeck unter dem Namen „Grönauer Altar".

> Aegidienstraße 75, Tel. 705622, Di.–Sa. 10–16 Uhr

**KLEINE PAUSE**

### Café mit Anspruch

Im kleinen und netten **Marli-Café/Restaurant** (s. S. 25) schmeckt es nicht nur gut, hier arbeiten auch Menschen mit Behinderung. Ob Frühstück, Mittagessen oder Kaffee und Kuchen, ein Besuch lohnt immer.

**EXTRATIPP**

### Kleiner Abstecher: Von-Höveln-Gang [E5]

Der Von-Höveln-Gang zweigt von der Wahmstraße 73–75 ab. Bereits 1481 verfügte der Ratsherr Tidemann Evinghusen, dass der schmale Wohngang, der ihm selbst gehörte, für Arme und Ältere genutzt werden sollte. 1570 ging der Gang in den Besitz des Bürgermeisters Gotthard von Höveln über, nach ihm wurde er später auch benannt.

1792 wurde der gesamte Trakt erneuert, die noch heute erhaltene eingeschossige Budenreihe stammt aus dieser Zeit. An der Pforte befindet sich ein Wappen der ehemaligen Besitzer.

### 21 Museumsquartier St. Annen ★★★ [E6]

*In dem ehemaligen Kloster wird sakrale Kunst des Mittelalters und in einem Ergänzungsbau moderne Kunst nach 1945 gezeigt – beides verblüffend gelungene Synthesen von Architektur und musealer Darstellung.*

Das St.-Annen-Kloster wurde zwischen 1502 und 1513 errichtet, um unverheiratete Töchter der Lübecker Oberschicht zu versorgen. 1532 wurde das Kloster geschlossen und 1610 zu einem Armenhaus umfunktioniert. Später nutzte man Abschnitte des Gebäudes als Zuchthaus.

1843 brannten Teile des Klosters und die Kirche vollständig ab, aber nur das Kloster wurde wieder aufgebaut.

Im Erdgeschoss befindet sich die **einzigartige Sammlung mittelalterlicher Schnitzaltäre**, die überwiegend aus Lübecker Kirchen stammen. Die meisten Altäre wurden von Kaufleuten der Zünfte gestiftet. Herausragend dürfte der **Passionsaltar von Hans Memling** sein, erschaffen 1491. Ähnlich prachtvoll sind der Lukasaltar von 1484 und der Maria-Magdalenen-Altar von 1519. Neben den Altären finden sich liturgische Gebrauchs- und Schmuckgegenstände.

In der oberen Etage ist in 25 Themen- und Epochenräumen die Lebenswelt Lübecker Bewohner dargestellt. Man erhält Einblicke in die Zeit vom späten Mittelalter bis zum frühen 19. Jh. Berücksichtigt werden dabei sowohl einfache Handwerker als auch reiche Kaufleute und ein mächtiger Bürgermeister. Außerdem wird die Geschichte Lübecks anhand audiovisueller Medien und einer Zeitleiste anschaulich dargestellt.

Im Jahr 2003 wurde der **hochmoderne Erweiterungsbau** des Museums fertiggestellt, der sich nahtlos an das Klostergebäude und das heutige St.-Annen-Museum anschließt. In den nüchternen Kubus wurden **Überreste der alten Kirche integriert**, konkret Reste der Westfassade, der Außenmauer und des Treppenturms. So vermischen und ergänzen sich gotische Elemente mit modernen geometrischen Formen zu einem wirklich gelungenen Gesamtensemble.

Die Kunsthalle bietet auf vier Ebenen fast 1000 m² Ausstellungsfläche, auf der **moderne Kunst nach 1945** und wechselnde Ausstellungen gezeigt werden. Außerdem befinden sich im Eingangsbereich ein gut sortierter Museumsshop und ein nettes Café.

❯ Sankt-Annen-Straße 15, Tel. 1224137 (Kasse), http://museumsquartier-st-annen.de. geöffnet: 1.1.–31.3. Di.–So. 11–17, 1.4.–31.12. Di.–So. 10–17 Uhr, Eintritt: 10 €, Kinder bis 18 Jahre 4 €

###  22 Dom ★★ [D6]

*Der eindrucksvolle Dom zählt mit 132 Metern Länge und einer maximalen Breite von 53 Metern zu den größten Backsteinkirchen überhaupt.*

Die **Geschichte** des Lübecker Doms reicht weit zurück bis zu den Anfängen der Stadt Lübeck. 1160 wurde der Bischofssitz von Oldenburg nach Lübeck verlegt, drei Jahre später weihte Bischof Gerold den ersten Dom ein, damals noch eine schlichte Holzkirche. 1173 ließ Herzog Heinrich der Löwe unter Bischof Heinrich I. einen neuen Dom bauen, diesmal aus Stein gefertigt. Die Bauarbeiten zogen sich über Jahrzehnte hin, schließlich wurde der Dom 1247 geweiht. Schon kurze Zeit später wurde er zweimal erweitert, erst 1341 galt der Dom als vollendet. Mitte des 13. Jahrhunderts entstand als Anbau die vor dem Nordschiff gelegene Vorhalle, die „Paradies" genannt wird.

**EXTRATIPP**

**Kleiner Abstecher: An der Mauer 47–51 [E6]**
Diese Straße trägt ihren Namen, weil hier einst die ehemalige Stadtmauer verlief. Im 17. Jahrhundert verlor die alte Stadtmauer ihre Bedeutung, da man ein neues, vorgelagertes Verteidigungswerk aus Wällen, Bastionen und Gräben schuf. An die alte Mauer aus dem 13. Jh. wurden Häuser an- und eingebaut, von denen eines unter der Nummer 47–51 noch erhalten ist. Es handelt sich um ein schönes, 1670 erbautes **Fachwerkhaus, das direkt in und an die Mauer gebaut** wurde. Das Haus liegt neben einem Hallenturm aus dem 13. Jahrhundert, der Bestandteil der Mauer war.

Während der alliierten Luftangriffe 1942 wurde auch der Dom schwer in Mitleidenschaft gezogen. (Rechts vom Eingang zeigen großformatige Fotos die Kriegszerstörung.) Die Wiederaufbauarbeiten zogen sich bis in die 1970er-Jahre hin. Eine der auffälligsten Neuerungen, die im Zuge des Wiederaufbaus realisiert wurden, war die Teilung von Ostchor und Langhaus durch eine Glaswand. Auf diese Weise kann der Ostchor für eigenständige kirchliche Veranstaltungen und Ausstellungen genutzt werden.

Zentraler Blickfang im Langhaus ist das 17 m hohe **Triumphkreuz von Bernt Notke,** erschaffen zwischen 1470 und 1477, das mit reichhaltigem Schnitzwerk („Jesus am Lebensbaum") versehen ist. Hinter dem Kreuz befindet sich der steinerne **Lettner** mit seiner hölzernen Verkleidung aus der Mitte des 14. Jh. Der Lettner war ursprünglich eine Art Schranke in einer Kirche, die den Laienbereich vom priesterlichen Raum trennte. Später wurde diese Schranke stabiler gebaut, reicher verziert und diente teilweise auch als Kanzelersatz zur Verkündung der Predigt. Noch später sang dort oftmals auch der Chor. Auffällig ist die große Uhr von 1628 an der rechten Seite des Lettners.

Lettner und Triumphkreuz werden von **vier gotischen Flügelaltären** flankiert. Links vom Triumphkreuz steht der Altar der Stecknitzfahrer (1422 gestiftet), rechts der Altar der Kanonischen Tageszeiten (Anfang 15. Jh.). Links vom Lettner befindet sich der 1460 erschaffene Altar der Mühlenknechte, rechts der Marienaltar (1506). Das dahinter stehende bronzene **Taufbecken** schuf Lorenz Grove 1455. Links neben dem Lettner befindet sich die ältere der beiden Ma-

045ik Abb.: sm

donnenstatuen, sie wurde etwa 1450 erschaffen. Die prächtige **Kanzel** wurde 1568 gestiftet und stammt von niederländischen Meistern.

Im südlichen Seitenschiff sind prachtvolle **Grabkapellen** zu finden, die überwiegend aus dem 18. Jahrhundert stammen. Eine Reihe von Grabplatten, deren älteste aus dem 13. Jahrhundert stammen, befinden sich außerdem auf dem Boden des Doms. Im Ostchor sticht das bronzene Grabmal von Bischof Bochholt (1341 erschaffen) aufgrund der außerordentlich plastischen Darstellung heraus.

❯ Mühlendamm 2–6, Tel. 74704, www.domzuluebeck.de, April–Okt. 10–18 Uhr, Nov.–März 10–16 Uhr

⌂ *Der mächtige Dom dominiert das südliche Altstadtpanorama*

**EXTRATIPP**

### Herz Jesu-Kirche [D6]

Es handelt sich um die erste nach der Reformation neu gebaute katholische Kirche in Lübeck. Sie wurde 1891 geweiht. In der Krypta befindet sich eine **Gedenkstätte** für vier Lübecker Geistliche, die am 10.11. 1943 hingerichtet wurden, nachdem sie sich offen gegen das NS-Regime positioniert hatten. Drei von ihnen waren katholisch, einer ein evangelischer Pastor.

Anhand von Schautafeln wird das Leben der einzelnen Geistlichen dargestellt, ein zeitkritischer Bezug zur Nazizeit hergestellt und auch das begleitende soziale Umfeld beschrieben. Im Jahr 2011 wurden die drei katholischen Kapläne übrigens selig gesprochen.

❯ **Propstei Herz Jesu,** Parade 4, Tel. 7098765, geöffnet: Mo.–Sa. 10–18, So. 10–14 Uhr, www.kath-kirche-luebeck.de

## Sehenswertes in der Innenstadt

### ❷❸ St. Petrikirche ★ [C5]

Eine Petrikirche, benannt nach dem Schutzpatron der Fischer, wurde 1170 in Lübeck erstmals urkundlich erwähnt, aber über diese erste Kirche ist nichts bekannt, auch nichts über das Gebäude. Zwischen 1227 und 1250 entstand dann eine spätromanische dreischiffige Kirche, die später zwischen 1450 und 1519 zur fünfschiffigen gotischen Hallenkirche erweitert wurde. St. Petri wurde in der **Bombennacht 1942 schwer beschädigt**, das Kircheninnere brannte komplett aus und auch der Turm erlitt schwere Schäden. Noch lange nach dem Krieg blieb St. Petri eine Ruine, aber da der 108 Meter hohe Kirchturm von St. Petri zum markanten Stadtbild der „sieben Türme" gehört, entschloss man sich schließlich doch zu einem Wiederaufbau. Erst 1987 wurden die Arbeiten beendet.

Heute gilt St. Petri als Kirche für die ganze Stadt, aber ohne eigene Gemeinde, es werden auch keine sonntäglichen Gottesdienste gefeiert. Die Kirche wird mittlerweile **für kulturelle und kirchliche Veranstaltungen** genutzt, auch wechselnde Ausstellungen finden hier statt. Sehr beliebt ist beispielsweise der Kunsthandwerkermarkt in der Vorweihnachtszeit.

Für Besucher lohnt sich in jedem Fall eine Fahrt mit dem Lift zur **Aussichtsplattform des Turms** in 50 m Höhe. Von dort oben genießt man einen grandiosen Fernblick über die Dächer der Lübecker Altstadt, bei gutem Wetter bis zur Ostsee.

❯ Am Petrikirchhof 1, Tel. 397730, www. st-petri-luebeck.de, Eintritt: 3 € für den Lift zur Aussichtsplattform, Café: Di.–Sa. 12–17 Uhr, Jan./Feb. geschlossen, Aussichtsplattform: Okt.–März tägl. 10–19 Uhr, April–Sept. tägl. 9–21 Uhr

**EXTRATIPP**

**Petri Vision**
An jedem ersten Samstag im Monat findet gegen 23 Uhr in der St. Petrikirche eine ganz besondere **Veranstaltung zu religiösen Themen** statt: kein Gottesdienst, sondern ein Themenabend mit Lichtinstallation, Musik, drei kurzen Reden, Tanz und auch szenischen Spielen. Der Eintritt ist frei.

### ❷❹ TheaterFiguren-Museum ★★ [C5]

In der engsten Gasse Lübecks, einer kleinen Straße namens „Kolk" (bedeutet in etwa „Vertiefung"), steht ein liebevoll privat geführtes Museum. Etwa **1000 Theaterpuppen aus drei Jahrhunderten,** die aus Asien, Afrika und Europa stammen, werden hier in fünf miteinander verbundenen historischen Gebäuden ausgestellt. Damit gilt das Museum als das größte seiner Art überhaupt.

Die Bandbreite könnte kaum größer sein, gezeigt werden Handpuppen, Marionetten, Stabpuppen, Schattenfiguren, aber auch Plakate zu Aufführungen und sogar ganze Puppenbühnen, außerdem afrikanische Masken oder asiatische Musikinstrumente, die zum Puppenspiel genutzt werden. Eine wirklich beeindruckende Sammlung in einem nicht minder eindrucksvollen, leicht verwinkelten Gebäudekomplex.

Gleich nebenan liegt passenderweise das **Figurentheater Lübeck** (s. S. 29), wo Aufführungen mit Puppen oder Marionetten stattfinden.

❯ Kolk 14, www.theaterfigurenmuseum.de, Tel. 78626, Eintritt: 6 €, erm. 5 €, Kinder (6–12 Jahre) 2 €, Nov.–März Di.–So. 11–17 Uhr, April–Okt. tägl. 10–18 Uhr

O46lk Abb.: sm

### ㉕ **Der Kolk und die Gruben** ★ [C5]

Lübecks Altstadt wurde auf einem Hügel errichtet, auf dessen Kamm zwei Straßen parallel verlaufen: Königstraße und Breite Straße nebst deren Verlängerungen. Von diesen beiden Straßen zweigen Wege ab, die jeweils hinunter zum Wasser verlaufen. Viele dieser Wege tragen seit den historischen Anfängen den Namenszusatz „Grube", früher auch „Graben".

Die kurze (110 m) und ziemlich enge Straße mit Namen „Kolk" gilt als die **engste Gasse Lübecks.** Der schon für 1334 bezeugte Name leitet sich vom altdeutschen „To dem Kolke" her, was etwa eine Vertiefung oder Senke in einem Bach bedeutet. In der „Senke" stehen einige sehr **malerische, historische Häuser,** bei-

⌃ *Erfreut nicht nur Kinderherzen: das TheaterFigurenMuseum*

spielsweise das 1574 erbaute Haus unter der Hausnummer 16, das zu den schmalsten Gebäuden Lübecks zählt und heute Bestandteil des TheaterFigurenMuseums ㉔ ist. Zwischen Pagönnienstraße und Kleiner Petersgrube steht eine Stützmauer aus Ziegelsteinen, die das höher gelegene Plateau der St. Petrikirche ㉓ abstützt.

Gleich neben dem TheaterFigurenMuseum ㉔ verläuft die Kleine Petersgrube, von welcher der **St.-Jürgens-Gang** abzweigt. Dieser historische Gang wurde bereits 1342 erstmals urkundlich erwähnt. Der Gang ist sehr schmal, die zweigeschossigen Häuser wurden 1587 von Hans Jürgens neu erbaut. Der Eingangsbereich ist sehr niedrig, oberhalb befindet sich das Wappen des Bauherrn, das den Drachentöter Georg zeigt. („Jürgen" ist eine Ableitung von „Georg".)

Unweit des TheaterFigurenMuseums verläuft auch die Straße Große

O841k Abb.: sm

Petersgrube hinunter zur Trave. An dieser Straße stehen **Häuser aller wichtigen Baustile**, die ursprünglichen Fassaden sind erhalten geblieben, so Häuser im Stil der Gotik (Nr. 7, 11, 15), der Renaissance (Nr. 4) und des Barock (Nr. 9, 21).

Etwas weiter entfernt, an der Hartengrube 20, liegt hinter einem auffälligen Renaissance-Fachwerkhaus aus dem Jahr 1551 **Schwans Hof.** Hierbei handelt es um den ältesten Hof der Stadt (1296), der eine Reihe von kleinen, gedrungenen zweistöckigen Häusern beherbergt.

Weitere Straßen, die in diesem Viertel allesamt in Richtung Trave verlaufen, sind die Marlesgrube oder die Dankwartsgrube, an der heute einige Lokale nebst historischen Häusern liegen.

⌂ *Panoramablick von der Fußgängerbrücke auf die Lübecker Altstadt an der Obertrave*

**EXTRATIPP**

**Panoramablick**

Wer die **Fußgängerbrücke** in der gedachten Verlängerung von der Dankwartsgrube [C/D6] überquert, genießt einen sehr schönen Blick auf die gegenüberliegende Altstadthäuserzeile an der Trave. Da diese Aussicht „wie gemalt" wirkt, wird diese Ecke von den Lübeckern auch als „Malerwinkel" bezeichnet.

**KLEINE PAUSE**

**Terrassenlokale an der Obertrave**

Nur wenige Schritte entfernt warten an der Obertrave mehrere Restaurants mit teilweise recht großen, einladenden Terrassen direkt am Fluss auf Gäste, beispielsweise das Lokal **Pizza San Remo** (s. S. 23). Dort sitzt man speziell zur „blauen Stunde", wenn die Sonne langsam versinkt, wirklich sehr nett.

# Travemünde

*Hätten Sie Lust, rasch mal an die Ostsee zu fahren und einen Tag am Strand zu relaxen? Oder vielleicht auch nur einen Abend nach einem langen Citybummel die Füße ins Meer zu halten, dem Möwengeschrei zu lauschen und dabei in ein Fischbrötchen zu beißen? Alles kein Problem und ruckzuck machbar, denn Travemünde, eines der ältesten deutschen Seebäder, liegt kaum 20 km von Lübeck entfernt und ist bestens per Bahn und Bus mit Lübeck verbunden – ein ideales Ausflugsziel also. Deshalb wird Travemünde auch gerne „die schönste Tochter Lübecks" genannt. Aber die Lübecker mussten einst heftig um die Schöne buhlen. Und eroberten sie, wie es gute Kaufleute schon immer taten, mit viel Geld.*

1187 gründete Graf von Schauenburg eine Burg genau an der Mündung der Trave in die Ostsee. Schon bald siedelten sich dort ein paar Fischer an, 1204 verzeichnete man den ersten Hafen. Die strategische Lage an der Mündung der Trave war den reichen Lübeckern ein Dorn im Auge, denn ihr Wohlstand speiste sich aus dem freien Handel vorzugsweise per Schiff. Die Koggen der Lübecker Kaufleute mussten nach einer langen und glücklich verlaufenen Reise über die Ostsee noch das kurze Stück die Trave hoch, um nach Lübeck zu gelangen, und daher an der Travemünder Burg vorbei. Und wer weiß schon, in welche Hände diese geraten wird? Die Lübecker benötigten eine sichere Zufahrt und stritten

*Men at work: der Travemünder Shanty-Chor in Aktion*

sich deshalb fast 60 Jahre lang mit den Schauenburger Grafen. Schließlich handelten sie nach guter alter Kaufmannsart und kauften 1329 dem Grafen den kleinen Ort für 1060 Mark Lübsch einfach ab.

1802, knapp 500 Jahre später, die Hanse war nunmehr Geschichte, wurde Travemünde das dritte **deutsche Seebad** nach Heiligendamm und Norderney. Damit nahm die touristische Entwicklung des Ortes schnell Fahrt auf. Immer mehr Sommerfrischler kamen und gaben Geld aus. 1825 wurde die Spielbank eröffnet, 1882 die Bahnverbindung nach Lübeck fertiggestellt und damit auch Verkehrsanschlüsse nach Hamburg und Berlin geschaffen. Ab 1831 gab es regelmäßige Schiffsverbindungen nach St. Petersburg und Kopenhagen. Schicke Hotels im Stile der **Bäderarchitektur** der Jahrhundertwende und eine **Kurpromenade** entstanden. Noble Restaurants eröffneten, denn die Gäste wollten angemessen unterhalten und verköstigt werden. Einige Travemünder profitierten von dieser Entwicklung, aber die meisten Fischer flickten weiterhin ihre Netze. Es ging gesittet und vornehm zu. Aber die Zeiten haben sich geändert. Ein wenig von diesem Ambiente ist zwar heute noch zu spüren, aber die Reichen und

0 1 cm = 120 m 300 m

## Liste der Karteneinträge Travemünde

26 [ce] Kaiserallee mit Bäderarchitektur S. 102
27 [cf] Alter Leuchtturm S. 102
28 [bg] Vorderreihe S. 104
29 [dg] Passat S. 104
30 [cg] Priwall S. 106
31 [bg] Seebadmuseum S. 108
32 [bg] St. Lorenzkirche S. 108
33 [bg] Alte Vogtei S. 108
34 [bg] Fischereihafen S. 109

97 [cf] Fishermans S. 109
98 [bg] Luzifer S. 109
99 [cf] Marina S. 109
100 [cf] Niederegger S. 109
101 [cg] Trave-Blick S. 109
102 [cf] Welcome Center S. 100
132 [cg] Deutscher Kaiser S. 125
133 [ce] Hotel Atlantic S. 125
141 [ag] WoMo-Stellplatz in Travemünde S. 126

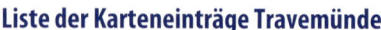

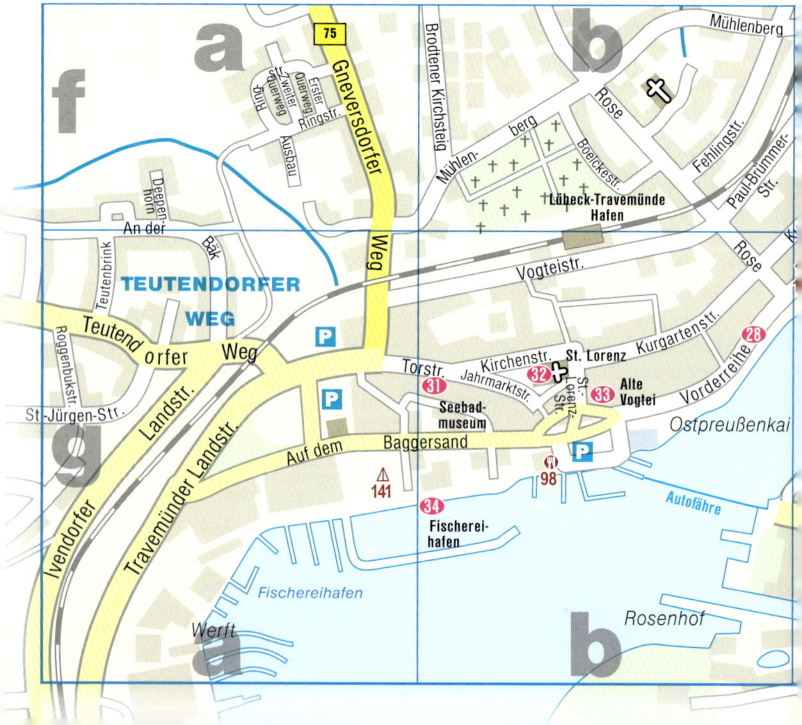

Brodtener Ufer

**d**

**Lübecker**

**Bucht**

**e**

Scheeligstr.

Sibethstr.

Lembkestr.

Leeger-wall

Strandweg

**c**

Backbord

weg

P

Steuerbord

Steuerbord

Steuer-bord

26

Kaiserallee mit
Bäderarchitektur

A.d. Logpleine

Achterdeck

Leegerwall

P

Kaiser-allee

DLRG-Turm

Im
Beiboot

Am Heck

Achterdeck

Fallreep

Strand-

Reling

Godewind

Am Fahrenberg

Godewind-
park

P

allee

H
133

**e**

P

Steinkamp

Lübeck-Travemünde-
Strand

Bertlingstr.

Godewind-

Kaiser-gartenstr.

ehem.
Spielcasino

102

Fehling-str.

Am Kur-

Kurhaus

Außenallee

Am

Brügmann-garten

DLRG-Turm

Kalvarien-
berg

Kurpark

Standbad-
zentrum

**f**

**Nordermole**

Am Lotsenberg

Parkallee

Außenallee

Alter
Leucht-
turm

allee

P

P

27

Am Leuchtenfeld

Neuer
Lotshafen

Bezirks-
verw.

Trelleborg-

Travepromenade

99

Ozeanbrücke

**Südermole**

Kurgartenstr.

Mövengasse

100

Vorderreihe

97

Yachthafen

Überseebrücke 1
Überseebrücke 2

Pers.-fähre

H
132

101

Kaiserbrücke

Zoll

DLRG-Turm

Prinzenbrücke

Passat

29

Postbrücke

**Trave**

Passathafen

Dünenweg

Am Priwallhafen

Am Priwallhafen

Dünenweg

**g**

Kohlenhof

Am Priwallhafen

**Priwall**

30

Meeresrauschen

Städt.
Krankenhaus

Mecklenburger

Landstr.

Alte Werft

Helling

Fliegerweg

Pötenitzer Weg

**d**

Wiekstr.

**d**

Berühmten dominieren nicht mehr das Strandleben. Travemünde hat sich sozusagen „demokratisiert", das Sonnenbad ist kein Vorrecht mehr für einige wenige Gäste.

Der Travemünder Kopfbahnhof wurde 1911/12 im roten Backstein erbaut und mit Elementen des Jugendstils verziert. Charakteristisch ist sein wuchtiger Turm an der Hauptfassade, auf dem eine auffällig große Uhr und eine ebenso große Anzeige für die nächste Zugabfahrt nach Lübeck prangen. Einfacher Grund: Gäste sollten diese Information auch noch vom Strand aus sehen können. Das war noch Service von der Bahn! Diese Anzeige gibt es noch heute, aber da einige Häuser mittlerweile zwischen Bahnhof und Strand stehen, kann man die Anzeige nun doch nicht mehr so einfach erkennen.

Wie schon seit eh und je erfreuen sich die Gäste am schönen **Strand**, der nur 5 Minuten Fußweg vom Bahnhof entfernt liegt. Und dieser Strand wächst sogar! Um einen guten Zentimeter pro Jahr, der Sand wird vom Brodtener Ufer angespült. Tatsächlich wird der Strand immer breiter, je näher man der Mündung der Trave kommt. Aber auch wenn die Strandbreite in die andere Richtung etwas abnimmt, sollten eigentlich alle Sonnenhungrigen ihr Plätzchen finden. Selbst an Hunde ist gedacht: Der ausgeschilderte **Hundestrand** liegt knapp vor dem Brodtener Ufer. Und wer keinen Sand zwischen den Zehen mag, sonnt sich halt auf der großen, grünen **Liegewiese**, die am nördlichen Ende des Strandes bzw. der Kaiserallee in Richtung Brodtener Ufer zu finden ist. Vielen macht es jedoch am meisten Freude, im Sand zu liegen und ab und zu ins Wasser zu springen. Die Ostsee ist in der ganzen weiträumigen Lübecker Bucht maximal 28 m tief (oder sollte man besser „flach" sagen?). So erwärmt sich das Wasser immer recht schnell, Ebbe und Flut sind hier kaum zu spüren.

Man aalt sich im warmen Sand, spürt das laue Lüftchen, das vom Wasser weht, lauscht dem Geschrei der Möwen. Ganz im Sinne von Thomas Mann, der einst schrieb: „In Travemünde, dem Ferienparadies, wo ich die unzweifelhaft glücklichsten Tage meines Lebens verbrachte, [...] gingen das Meer und die Musik in meinem Herzen [...] eine Gefühlsbindung für immer ein."

🛈**102** [cf] **Welcome Center** (Touristenbüro), im Strandbahnhof von Travemünde, Bertlingstr. 21, Tel. 0451 8899700

048lk Abb.: sm

## Verkehrsverbindungen, Parken, Strandgebühr

> Die **Bahn** fährt alle 60 Minuten vom Lübecker Hauptbahnhof nach Travemünde (Fahrzeit: 23 Min., Preis: 3 €) – aber bitte nicht zu früh aussteigen, denn Travemünde hat drei Bahnhöfe: Zunächst stoppt der Zug in Lübeck-Travemünde Skandinavienkai. Dies ist der Fährhafen für die großen Fähren nach Skandinavien, die Schiffe kann man recht gut vom Zug aus erkennen. Dann folgt der Bahnhof Lübeck-Travemünde Hafen [bf/bg]. Dieser liegt nur wenige Schritte von der Altstadt entfernt und von diesem Bahnhof erreicht man auch rasch die Priwall-Fähre (s. S. 107). Der **Endbahnhof** heißt dann **Lübeck-Travemünde Strand** [cf].

> Die **Stadtbusse** Nr. 30, 31 und 40 fahren ab Lübeck ZOB (am Hauptbahnhof) alle 30 Minuten ebenfalls bis zum Bahnhof Lübeck-Travemünde Strand (Fahrzeit: 45 Min., Preis: 3 €).

> Auch per **Schiff** ist es möglich, von/nach Travemünde zu reisen. Die MS „Nordland" des Betreibers Könemann Schifffahrt benötigt 105 Minuten und fährt von Anfang April bis Mitte Oktober mehrmals am Tag. Ab Lübeck: An der Untertrave bei der Drehbrücke um 9.30 und 14 Uhr. Ab Travemünde: gegenüber Café Nie-deregger (s. S. 109), Vorderreihe 56, um 11.45 und 16.15 Uhr. Preis: einfache Fahrt 12,50 €, hin und zurück 19 €, Kinder bis 14 Jahre 6,50 bzw. 11 €, oder per Traveticket 13,50 €, Kinder bis 14 Jahre 7,50 €, wobei eine Fahrt mit dem Stadtbus Nr. 30 oder 40 gemacht werden kann.

> **Parkplatz:** Ein nicht ganz so bekannter und entsprechend wenig frequentierter Parkplatz liegt direkt **beim Bahnhof Lübeck-Travemünde Hafen.** Von dort sind es keine 5 Minuten Fußweg bis zur Flaniermeile Vorderreihe, nur einfach Richtung unübersehbare Kirche gehen. Weitere Parkplätze im Ortsbereich sind ausgeschildert und in das Kartenmaterial eingezeichnet.

> **Strandgebühr:** In Travemünde wird eine „Strandbenutzungsgebühr" erhoben, für internationale Gäste auf Englisch „beach charge" genannt. Man zahlt die Gebühr an entsprechenden Automaten, an denen Strandbesucher ein Ticket ziehen können. Kosten: 15.5.–14.9. 2,60 €, ab 15 Uhr 1,50 €. Auf dem Priwall **30** beträgt die Gebühr lediglich 1 € bzw. ab 15 Uhr 0,60 €. Kinder und Jugendliche bis 15 Jahre zahlen nichts.

085ik Abb.: sm

## Sehenswürdigkeiten

*An einem heißen Tag flüchtet sich halb Lübeck an den breiten und langen Strand. Außerdem gibt es auch noch einen „grünen Strand", eine Liegewiese, die ebenfalls gut angenommen wird. Aber selbst bei nicht ganz so warmem Wetter lohnt ein Spaziergang am Meer, zumal Besucher in Travemünde neben Strand, Meer und Fischbrötchen auch noch ein paar reizvolle Sehenswürdigkeiten entdecken können.*

**EXTRATIPP**

### Kleiner Abstecher: Brodtener Ufer

Wenn man am nördlichen Ende der Kaiserallee nach rechts zum Strand abbiegt und immer am Wasser entlang ortsauswärts geht, erreicht man rasch das Brodtener Ufer. Dabei handelt es sich um eine weitestgehend **urwüchsige Steilküste**, an der ein 4 km langer Wanderweg durch einen Wald hinüber zum Nachbarort Niendorf führt, der einen kleinen, netten Fischerhafen sein Eigen nennt. Die Steilküste ragt bis zu 20 Meter in die Höhe und wurde von Gletschern der Eiszeit geprägt.

**㉖ Kaiserallee mit Bäderarchitektur** ★★ **[ce]**

An der parallel zum Strand verlaufenden Kaiserallee stehen wunderschöne **Häuser im Stil der Bäderarchitektur** der vorletzten Jahrhundertwende. Etliche dieser Häuser werden noch heute als Hotel betrieben. Ein weiteres Merkmal dieser nicht allzu langen Straße sind die kastenförmig geschnittenen **Linden.**

Am Beginn der Kaiserallee befand sich das traditionsreiche **Spielcasino Travemünde.** Schon Anfang des 19. Jahrhunderts wurde in Travemünde dem Glücksspiel gefrönt, die erste Spielbank eröffnete offiziell 1822, nachdem schon inoffiziell ein paar Jahre länger die Kugel beim Roulette rollte. Bald darauf brachten die ersten Passagierschiffe reiche Gäste aus Kopenhagen und St. Petersburg, die hier ihr Glück versuchten. 1872 wurde das Glücksspiel verboten, das Haus erlebte anschließend eine wechselvolle Geschichte, bis 1949 die Kugel wieder zu rollen begann. Es folgte die Zeit des Wirtschaftswunders. Stars, Sternchen und Wirtschaftsmagnaten kamen nach Travemünde und gaben dem Ort einen schillernden Glanz. Diese Zeiten sind vorbei, das Casino wurde geschlossen und nach Lübeck verlegt.

**㉗ Alter Leuchtturm** ★ **[cf]**

Der Travemünder Leuchtturm gilt als **einer der ältesten Deutschlands,** bereits um 1330 wurde er urkundlich erwähnt. Nachdem dänische Truppen den Turm 1534 zerstört hatten, wurde er 1539 neu errichtet. Dabei entstand der noch heute zu bewundernde Backsteinbau. Nach einem Blitzschlag im Jahr 1827 musste der obere Teil des Turms neu gestaltet werden, dabei entstand ein Aufsatz

**EXTRATIPP**

### Fernblick aus dem Hotel Maritim

Der Fernblick vom Alten Leuchtturm ist nicht schlecht, noch besser aber ist er aus dem Restaurant „Über den Wolken", das sich im Maritim Strandhotel im 35. Stock in 115 m Höhe (!) befindet. Spezieller Schauen-und-speisen-Tipp: Jeden Sonntag gibt es von 12 bis 14.30 Uhr ein Familien-Lunchbüfett, außerdem täglich ab 15 Uhr Kaffee- und Teespezialitäten.

im klassizistischen Stil. Der Turm misst heute 31 Höhenmeter. In den Anfängen wurde wohl tatsächlich noch ein offenes Feuer vor Hohlspiegeln betrieben, später verwendete man Petroleumlampen und ab 1937 schließlich Glühlampen. 1972 wurde der Leuchtturm außer Dienst gestellt, da das benachbarte Hotel Maritim ihn deutlich überragte. Deshalb wurde auf dem Hotel ein neues Leuchtfeuer in 114,7 m Höhe installiert.

Nach einer Grundsanierung befindet sich im Leuchtturm auf acht Etagen ein **Museum**, das die Geschichte der **Leuchtfeuertechnik** thematisiert. Dort sind u. a. Modelle von Feuerschiffen, Seelaternen und Lichtanlagen ausgestellt, außerdem Fotos nebst Erklärungen zu anderen Leuchttürmen. Nach 142 Stufen erreicht man die **Aussichtsplattform**, von der sich ein beeindruckender Fernblick über Travemünde, den Hafen und die Ostseeküste bietet.

› Am Leuchtenfeld 1, Tel. 889180, www.leuchtturm-travemuende.de, Eintritt 2 €, April–3. November tägl. 13–16, Juli/August 11–16 Uhr, November–März 11.30–12.30 Uhr

▷ *Vom alten Leuchtturm bietet sich ein toller Fernblick*

### ❷❽ Vorderreihe ★ [bg]

„Vorderreihe" heißt eine Straße, die ihre besondere Stellung schon im Namen trägt, denn sie ist die Straße in der vorderen, der ersten Reihe, die direkt am Ufer der Trave verläuft. Sie darf heute die **Hauptflaniermeile** Travemündes genannt werden, zu der auch die östliche Verlängerung zählt, die Travepromenade.

Früher war die Vorderreihe von eher ärmlichen Fischerhütten gesäumt, heute stehen hier einige sehr schöne, zweigeschossige Häuser aus dem 19. Jh., teilweise mit sehr schicker Glasveranda. Die Straße ist gespickt mit einer Vielzahl von **Restaurants, Cafés und Shops** und bietet sich daher zum zwanglosen Bummeln an. Weiter östlich Richtung Strand liegen auch einige **Ausflugsschiffe**, die kurze Ostseetörns, Fahrten nach Lübeck oder in die Umgebung anbieten.

Ein schöner Blick auf das Panorama der Vorderreihe bietet sich von der gegenüberliegenden Traveseite aus. Dazu setzt man kurz mit der Priwall-Fähre (s. S. 107) über und geht ein paar Schritte nach links (ostwärts).

### ❷❾ Passat ★★★ [dg]

*Was das Holstentor für Lübeck, ist die Passat für Travemünde: ein Wahrzeichen. Früher segelte diese Viermastbark regelmäßig um das berüchtigte Kap Hoorn, heute liegt sie friedlich im Hafen von Travemünde. Einen prächtigen Anblick bietet sie immer noch und selbst seeuntüchtige „Landratten" dürfen sie heute entern und sich ein wenig wie echte Seemänner fühlen.*

Der Frachtsegler Passat wurde 1911 für die Hamburger Reederei Laeisz in Dienst gestellt. Das Schiff wurde im **Transatlantikhandel** eingesetzt und transportierte Weizen oder Salpeter aus Australien oder Südamerika nach Hamburg. Dabei erlebte die Passat eine **wechselvolle Geschichte.** Sie kam durch die Ereignisse der beiden Weltkriege mehrfach in fremde Hände und wurde Ende der 1940er-Jahre eigentlich nicht mehr gebraucht, da Motorschiffe schneller waren. Die Passat stand damals kurz vor dem Aus und sollte abgewrackt werden, doch 1951 wurde sie nach Travemünde geholt und zu einem frachttragenden Schulschiff umgestaltet. Bei einer dieser Fahrten geriet sie 1957 in einen schweren Sturm und konnte sich gerade noch nach Lissabon retten, während das Schwesterschiff „Pamir" in einer ähnlich schweren See unterging (s. S. 77). In der Lübecker St. Jakobikirche ❾ wird noch heute dieser Tragödie gedacht. Danach wurde die Passat außer Dienst gestellt. Die Stadt Lübeck kaufte das Schiff und gab ihr einen festen Liegeplatz in Travemünde. Seitdem gehört der stolze Viermaster zum Stadtbild.

Ein **Rundgang** über das Schiff lässt staunen – staunen über die schiere Größe, über die Enge der Kojen, über das ausgeklügelte Konzept, nach dem Segel gesetzt und gerefft wur-

O69lk Abb.: sm

05Olk Abb.: hf

den. Man ahnt und spürt fast die körperliche Arbeit, die dahinter steckt. Besucher bewundern die Takelage, die gewaltigen Ruder, die enorme Höhe der Masten, die Dicke der Taue. Außerdem können der tiefe Frachtraum, die unterschiedlich großen Kojen und ein Funkraum besichtigt werden. Unter Deck befindet sich auch eine **Dokumentation** zur Passat mit vielen alten Fotos, Arbeitsgerätschaften und erklärenden Hinweistafeln.

⌃ *Die beeindruckende Viermastbark „Passat" mit Flaggenschmuck*

◁ *An der Vorderreihe stehen schicke Häuser*

**KURZ & KNAPP**

**Daten der Passat**
> Höhe der Masten: 56 m
> Segelfläche: 4600 m²
> Länge: 115 m
> maximale Breite: 14,30 m
> Tiefgang bei voller Ladung: 7 m

> Gegenüber der Travepromenade am Priwallhafen, www.ss-passat.com, Eintritt: 4 €, bis 18 Jahre: 2 €, geöffnet (2014) 5.4.–18.5. u. 29.9.–31.10. tgl. 11–16.30 Uhr, 19.5–28.9. 10–17 Uhr
> Als Fußgänger ist die Passat mit der kostenpflichtigen **Autofähre** ganzjährig erreichbar, allerdings verbunden mit einem etwas längeren Fußmarsch. Eine ebenfalls kostenpflichtige **Personenfähre** direkt zur Passat verkehrt nur in der Saison von Mai bis September täglich. Details siehe Seite 107.

# Großsegler, der Stolz der Seefahrt

*„Einmal noch nach Bombay oder nach Schanghai, einmal noch nach Rio oder nach Hawaii"* – Hans Albers traf den Nerv der Zeit. Wenn ein Großsegler, ein Schiff mit drei oder gar vier Masten, im Hafen lag, dann drückten sich die Jungs die Nasen platt und bekamen gestandene Seeleute feuchte Augen. Kein Wunder, DAS war ein Anblick! Ein Viermastschiff weckt Sehnsüchte, lässt Abenteuervisionen aufkommen, ist der Stolz der Seefahrt. Und wenn es dann voll aufgetakelt ausläuft, dann schwört sich so mancher Beobachter: *„Nächstes Mal bin ich dabei, ganz sicher!"*

*Aber das ist Schnee von gestern – die **Epoche der Großsegler** ist unwiederbringlich vorbei. Um die vorletzte Jahrhundertwende war das völlig anders. Damals wurde beispielsweise von der Reederei Laeisz eine ganze Flotte von Großseglern gebaut und betrieben, die sogenannten **Flying-P-Liner.** Insgesamt 65 Schiffe liefen vom Stapel und alle 65 Namen begannen mit dem Buchstaben P: Padua, Pamir, Perkeo, Peking, Pola ... und eben auch Passat. Diese Besonderheit hatte einen einfachen Hintergrund: Die Ehefrau des Reeders soll auf den Kosenamen „Pudel" gehört haben und so wurde dann*

*auch 1856 das erste Schiff der Flotte getauft. Das galt als gutes Omen und Reeder Laeisz beließ es dabei.*

*Bis zum ersten Weltkrieg gab es über alle Reeder hinweg insgesamt 210 Großsegler, die meist als **Frachtsegler** auf allen Weltmeeren im Einsatz waren. Teilweise lieferten sich die Kapitäne regelrechte Wettfahrten auf dem Weg um Kap Hoorn oder nach Australien. **„Weizenregatta"** nannte man diese Rennen, weil es darum ging, als erster im Ziel bei den Weizenauktionen einzulaufen. Den Kapitänen wurde für den ersten Platz eine Prämie in Aussicht gestellt und so knüppelten diese ihre Schiffe und Mannschaften regelrecht über die Ozeane. 1911 wurde die Passat auf Jungfernfahrt nach Valparaiso in Chile geschickt, Salpeter sollte geladen werden. Insgesamt 15 große Fahrten unternahm sie im Laufe der Zeit und umrundete 39-mal Kap Hoorn. 1949 wurde dann das letzte große Weizenrennen ausgetragen: Die Passat trat gegen die Pamir auf der Strecke Australien–Europa an. Die Passat siegte nach 109 Tagen, die Pamir lief 19 Tage später ein.*

*Doch die Zeiten änderten sich, denn **Motorschiffe** waren einfach schneller und wirtschaftlicher, zudem wurde*

**㉚ Priwall** ★ **[cg]**

Die Passat liegt im Hafen am Priwall, an einer etwa drei Kilometer langen **Landzunge zwischen Trave und Ostsee.** Seit 1226 gehört dieses Zipfelchen verwaltungstechnisch zu Travemünde, aber erst mit der deutschen Teilung wurde dieses kleine Gebiet fast zu einem Politikum. Denn die Grenze von Schleswig-Holstein zu

Mecklenburg-Vorpommern verläuft am östlichen Ende des Priwalls und so verlief in den Jahren der deutsch-deutschen Teilung dort die nordwestlichste Grenze der DDR. Damit war auch der Landweg zum Priwall abgeschnitten und das Fleckchen nur per Fähre von Travemünde aus erreichbar.

Der Priwall hat einen sehr **schönen Sandstrand,** der einst als FKK-

ristische Einrichtungen wie Lokale und Unterkünfte.

*die Arbeit für die Schiffsmannschaften angenehmer – das sollte man bei aller Seglerromantik nicht vergessen. Und dann kam der Schock des **Untergangs der Pamir**. Am 21. September 1957 wurde das Schiff auf Höhe der Azoren von einem fürchterlichen Sturm überrascht, kenterte und versank binnen kurzer Zeit. 80 Mann ertranken, nur sechs konnten gerettet werden. Damit war das Ende der Großsegler besiegelt. Einige wenige Einzelkämpfer wollten das nicht wahrhaben und schickten Segler trotz ungünstiger Frachtraten auf Reisen. Vergebens, gegen die Motorschiffe und später gegen die Containerschiffe kam kein Segler an.*

*Heute sind vier Schiffe der Flying-P-Liner übrig geblieben: Die Padua dient unter dem Namen Krusenstern als russisches Schulschiff, die Pommern liegt als Museumsschiff auf den Ålandinseln, die Peking in New York und die Passat in Travemünde. Großsegler sieht man heute nur noch selten im Einsatz, beispielsweise in Kiel, wenn das deutsche Segelschulschiff Gorch Fock im Hafen liegt, oder bei Großereignissen wie der „Sail", einem alle zwei Jahre stattfindenden Seglertreff in Bremerhaven.*

Strand genutzt wurde (heute nur noch der östliche Teil). Die DDR-Grenzer hatten von ihrem Wachturm einen ungehinderten Blick darauf. In dieser erzwungenen Abgeschiedenheit konnten aber auch seltene Tiere und Pflanzen überleben, ein Teil des Areals ist heute **Vogelschutzgebiet**. Mittlerweile gibt es am Priwall einen Segelhafen und ein paar tou-

Nicht weit von der Passat entfernt befindet sich die **Ostseestation Priwall**. „Warum ist die Scholle platt?", rätselt vielleicht so mancher Ostsee-Urlauber. In der Ostseestation werden Fragen wie diese von erfahrenen Meeresbiologen beantwortet und Gäste zu etwa 20 Schauaquarien geführt, an denen Geheimnisse der Ostseebewohner erklärt werden.

Und die Passat liegt ebenfalls dort Am Priwallhafen. Ein Besuch auf dem Priwall kann man zumindest in der Saison gut mit zwei Mini-Seereisen verknüpfen. Zunächst setzt man mit der Autofähre von Travemünde aus über, spaziert dann nach links (Osten) am Wasser entlang Richtung Passat und fährt schließlich nach dem Besuch des Viermasters mit der kleinen Personenfähre zurück ans andere Ufer. Dies ist aber nur in der Sommersaison möglich, da die Personenfähre im Winter nicht verkehrt.

❯ **Ostseestation Priwall,** Am Priwallhafen 10, Tel. 308705, 1.4.–31.10. Di.–So. 10–16 Uhr, 1.11.–31.3. Do.–So. 10–17 Uhr, Eintritt: 6 €, Kinder 4 €

❯ Die **Autofähre** pendelt ganzjährig rund um die Uhr vom Ende der Straße Auf dem Baggersand [bg], tagsüber etwa im 10-Minuten-Takt, nachts deutlich seltener, teilweise nur stündlich. Tarif 1,10 €, Fahrzeuge nach Gewicht, ab 3,40 €.

❯ Die **Personenfähre** hat stark wechselnde Betriebszeiten: Mai und Juni sowie September täglich 10 bis 18 Uhr, im Juli und August 8 bis 20 Uhr, während der Travemünder Woche (s. S. 12) Ende Juli bis Mitternacht. Im April und im Oktober verkehrt die Fähre nur am Wochenende 10–18 Uhr, während der restlichen Jahreszeit besteht kein Fährverkehr. Tarif: 1,10 €, Abfahrt etwa auf Höhe des Alten Leuchtturms **27**.

### 31 **Seebadmuseum** ★     [bg]

Beim Seebadmuseum handelt es sich um eine liebevoll gemachte Ausstellung zur **Entwicklung Travemündes unter dem Einfluss des Tourismus**. Besucher unternehmen eine Zeitreise, die 1802 beginnt und im Heute endet. Viele historische Fotos und Filmsequenzen dokumentieren diesen Wandel, an Hörstationen kann man Originaltönen der Vergangenheit lauschen.

## Badefreuden anno dazumal

*Es soll sich im Jahr 1793 in Heiligendamm zugetragen haben, dass ein leibhaftiger Herzog ein paar – vermutlich vorsichtige – Schritte in die Ostsee setzte. Ein kleiner Schritt für den Herzog, aber ein großer Schritt für die badende Menschheit, denn damit wurde eine neue Ära eingeleitet: die Epoche der Seebäder an der Ostsee. Ein Medizinprofessor hatte den Herzog überzeugt, der meinte, Ostseewasser sei gut für die Volksgesundheit und heile „Schwachheiten und Krankheiten".*

*Aber wie badete man damals? Einfach die Badehose an und mit einem Kopfsprung hinein in die Fluten? Nein, so weit war man damals noch nicht, es ging schicklich zu. Damen und Herren badeten streng getrennt und gingen auch nicht einfach so ins Wasser. Sie wurden vielmehr mit einem Badekarren ins Wasser geschoben. Dann zog mann/frau sich um, stieg von einer Hintertreppe ins Wasser und planschte herum, denn schwimmen konnte kaum jemand. Auf jeden Fall badete man züchtig angezogen im Einteiler, wie historische Fotos belegen.*

Die langsame Wandlung Travemündes wird am Beispiel der Fischerei, der Fliegerei, der Schifffahrt, des Casinos und auch an der Bademode verdeutlicht, visualisiert durch Plakate, Bücher, Karten und Tickets. Auch die Epoche der deutsch-deutschen Teilung wird anhand eines Nachbaus eines Grenzzauns thematisiert, denn die Grenze verlief gleich gegenüber von Travemünde am Priwall.

> Torstr. 1, Tel. 9998094, www.seebad museum-travemuende.de, Eintritt: 5 €, März–Dez. Di.–So. 11–17 Uhr

### 32 **St. Lorenzkirche** ★     [bg]

Erstmals erwähnt wurde die Kirche 1235. Ein Vorgängerbau des heutigen Sakralbaus brannte im Jahr 1522 ab, danach wurde die Kirche als einschiffige Backsteinsaalkirche im spätgotischen Stil wieder aufgebaut. 1620 war auch der Turm wieder hergestellt.

Die St. Lorenzkirche wirkt von außen weit gewaltiger als von innen. Das Innere zeichnet sich durch eine besonders hübsche **Deckenmalerei** aus. Zu den Kunstschätzen zählen der barocke Altar von 1723 und die Holzskulptur eines gegen den Drachen kämpfenden heiligen Jürgen aus dem Jahr 1520. Im Boden sind relativ viele Grabplatten eingelassen, die älteste datiert von 1404.

> Jahrmarktstr. 14, April–Okt. Di.–So. 9–12, Di.–Fr. 13–16 Uhr, Nov.–März Di.–So. 9–12 Uhr

### 33 **Alte Vogtei** ★     [bg]

Das **auffällige Backsteingiebelhaus** im Stil der Renaissance liegt gegenüber der Priwall-Fähre. Das 450 Jahre alte Gebäude diente 350 Jahre lang als Dienststelle des Vogts, eine Art Stadtkommandant, und 100 Jahre lang der Polizei. Heute ist das Ge-

bäude nach aufwendiger Renovierung ein beliebter Treffpunkt mit vielfältigem Angebot. So befinden sich ein Weinkabinett mit einer guten Auswahl an internationalen Weinen, ein Restaurant, das Lübecker Teekontor mit 200 Teespezialitäten und eine Galerie in den historischen Mauern.
**›** Vorderreihe 7

### 34 Fischereihafen ★     [bg]

Der Fischereihafen liegt am westlichen Ende der Promenade, gleich neben der Autofähre zum Priwall. In diesem kleinen, netten Abschnitt landen noch echte Fischerboote an, von denen der Fang teilweise noch direkt verkauft wird. Passend dazu befinden sich am Hafen eine Handvoll uriger Kneipen, die frisch gezapftes Bier und Fischbrötchen anbieten, mit vereinzelt aber doch etwas rauem Charme.

## Kulinarisches Travemünde

**97** [cf] **Fishermans** €€, Vorderreihe 64 A, Tel. 880202, geöffnet ab 11 Uhr. Das Lokal liegt unmittelbar an der Trave und hat eine nette Terrasse zum Wasser. Serviert wird ein breites Spektrum, von Fischbrötchen, Fisch- und Fleischgerichten bis zu Torten und Kuchen.

**98** [bg] **Luzifer** €–€€, Auf dem Baggersand 3, Pier 3, Tel. 04502 307811, tägl. ab 9 Uhr. Das relativ große Lokal mit schöner Terrasse liegt knapp vor dem Fischereihafen direkt an der Trave, daher bietet sich von hier ein toller Blick auf die Trave bis hinunter zur Passat 29 . Das Lokal serviert gute Bistroküche in lockerer Atmosphäre.

**99** [cf] **Marina** €€, Trelleborgallee 2a, www.marina-travemuende.de, Tel. 04502 74347, in der Saison ab 11 Uhr. Schöne Lage direkt an der Travepromenade mit tollem Blick auf die einlaufenden Schiffe. Die Küche bietet saisonale Speisen, außerdem Fischgerichte, Pasta und Salate.

**100** [cf] **Niederegger,** Vorderreihe 56, Tel. 04502 2031, tgl. ab 9 Uhr, So. ab 10 Uhr, www.niederegger.de. Von der Terrasse der Zweigstelle des berühmten Lübecker Marzipanspezialisten genießen Gäste beim Frühstück, Nachmittagskaffee oder beim Verzehr der unschlagbaren Marzipan-Nuss-Torte einen schönen Blick auf die Trave.

**101** [cg] **Trave-Blick** €€, Vorderreihe Brücke 148 neben der Prinzenbrücke, Tel. 04502 2645, ab 10 Uhr geöffnet. Das Lokal liegt schwimmend auf zwei Pontons in der Trave. Serviert wird gutbürgerliche Küche mit Fisch und Fleisch in urigem Ambiente.

*Kleines Schmuckstück aus Backstein: die Alte Vogtei*

053lk Abb.: sm

## Hafen- und Ostseetörn

❯ Die MS „Marittima" schippert auf einer
etwa einstündigen Tour durch den Hafen
von Travemünde und macht abschlie-
ßend noch einen kurzen Abstecher auf
die Ostsee hinaus. Abfahrt: tägl. 11,
12.30, 14, 15.30 Uhr, im Sommer auch
um 17 Uhr von der Überseebrücke 2,
Preis: 7 €, Tel. 0163 5475772, www.
marittima-travemuende.de.

❯ Eine ähnliche Tour unternimmt die MS
„Sven Johannsen", die täglich von der
Prinzenbrücke ablegt. An manchen
Tagen gibt es längere Törns auf der Ost-
see bis nach Grömitz oder Boltenhagen.
Preis: 6 €, Tel. 0171 4371387,
www.ms-svenjohannsen.de.

△ *Ausflugsschiffe wie hier die*
*MS „Marittima" schippern neugieri-*
*ge Besucher unter anderem durch das*
*Travemünder Hafengebiet*

# Praktische Reisetipps

005lk Abb.: hf

# An- und Rückreise

## Mit dem Flugzeug

Der kleine **Flughafen Lübeck** liegt ca. 7 km südlich des Stadtzentrums an der Blankenseer Straße 101 und in unmittelbarer Nähe zur Autobahn A 20. Hier landen hauptsächlich Flugzeuge der Gesellschaft Ryanair. **In die Stadt** gelangt man mit öffentlichen Verkehrsmitteln mit dem **Stadtbus** Nr. 6 (alle 20 Minuten bis ZOB/Hauptbahnhof, Fahrzeit: 30 Minuten) oder mit der **Bahn** vom Bahnhof Lübeck-Flughafen, der an der Strecke Lübeck–Lüneburg liegt (stündlich, Fahrzeit: 8 Minuten).

❯ Infos: www.fhl-web.de

## Mit der Bahn

Der **Hauptbahnhof Lübeck** [A4] ist ein Knotenpunkt, an dem sich mehrere Linien treffen. Praktisch stündlich gibt es Verbindungen mit Regionalzügen zu den wichtigen Hauptbahnhöfen in Kiel (Fahrzeit: 70 Minuten bzw. 87 Minuten) und Hamburg (Fahrzeit: 40 Minuten). Nach Hamburg verkehren auch einige schnellere IC-Züge. Vom Lübecker Bahnhof aus erreicht man die Altstadt zu Fuß in etwa 10 Minuten.

## Mit dem Bus

Eine interessante Alternative bietet sich für Berliner: eine Busverbindung zwischen der deutschen Hauptstadt und Lübeck (zweimal täglich).

❯ Abfahrt Berlin ZOB am Funkturm um 11.45 und 18 Uhr, Ankunft in Lübeck am ZOB um etwa 15.45 bzw. 21.25 Uhr, zurück ab Lübeck ZOB um 6.20 (Ankunft: 10 Uhr) bzw. 11.55 Uhr (Ankunft 15.55 Uhr). Der Preis liegt bei 38 € einfach bzw. 67 € für das Rückfahrtticket. Fahrgäste über 60 Jahre bzw. Junioren unter 27 Jahre zahlen deutlich weniger. Infos: Tel. 030 3384480, www.berlinlinienbus.de.

## Mit dem Auto

Die Autobahn A 1 führt an Lübeck vorbei, von der Abfahrt 22 „Lübeck-Zentrum" gelangt man schnell in die Innenstadt.

❯ Man erreicht Lübeck aus dem Osten (Berlin) über die A 20 oder A 24 mit späterem Wechsel auf die A 1,
❯ aus dem Süden über die A 7 (über Hannover) und ab Hamburg weiter über die A 1,
❯ aus dem Westen (über Bremen) über die A 1.

# Autofahren

Die Altstadt ist kompakt, nicht übermäßig groß und kann gut zu Fuß erkundet werden, zumal die meisten Sehenswürdigkeiten sehr dicht beieinanderliegen. Außerdem sind einige Straßen Fußgängerzonen und die wenigen Parkplätze in der Altstadt

054lk Abb.: sm

◁ *Ein echtes Schmuckstück: der Lübecker Hauptbahnhof*

sind den Anwohnern vorbehalten (Anwohnerparkrecht).

Für Lübeck wurde bislang **keine Umweltzone** ausgewiesen.

Es gibt ausreichend **Parkplätze** (überwiegend gebührenpflichtig) in unmittelbarer Nähe zur Altstadt, darunter auch einige größere Parkhäuser, die durch ein **Parkleitsystem** ausgezeichnet sind.

❭ Mo.–Sa. in der Zeit von 10 bis 18 Uhr sind die Parkplätze in der Lübecker Altstadt kostenpflichtig.

❭ Kurz vor dem Holstentor ❷ liegt in der Possehlstraße ein großes, kostenpflichtiges Parkhaus („Am Holstentor"). Wer bereit ist, ein wenig zu laufen, sollte noch ein Stückchen weiter die Possehlstraße in südlicher Richtung fahren, denn dort findet man **kostenfreie Parkstreifen** [C7] entlang der Straße.

❭ **Citynahe Parkhäuser** befinden sich Am Burgtor/Kanalstraße [F3], an der Ecke Hüxstraße/Kanalstraße [F5] und im Haerder-Center (s. S. 16).

❭ Insgesamt 16 **Wohnmobile** finden einen Parkplatz (kein Stellplatz!) in der Nähe der Musik- und Kongresshalle (s. S. 31) beim Parkplatz P4 an der Marienbrücke.

❭ **Infos zu Parkplätzen:** www.kwl-luebeck.de

# Barrierefreies Reisen

Insgesamt gesehen ist es um die Barrierefreiheit in Lübeck recht gut bestellt. Da die Altstadt aber auch einige Gassen mit **Kopfsteinpflaster** aufweist, wird es vereinzelt schon etwas schwieriger. Viele Museen und Sehenswürdigkeiten haben sich auf Rollstuhlfahrer eingestellt und Rampen oder Fahrstühle eingebaut.

Unter **www.luebeck-tourismus.de** („Erkunden"/„Lübeck barrierefrei") sind viele Sehenswürdigkeiten auf-

055JK Abb.: hf

⌂ *Nicht nur für Sehbehinderte: das Tastmodell der Lübecker Altstadt auf dem Marktplatz (s. S. 69)*

gelistet und es wird beschrieben, wie ein Besuch dort auch von Menschen mit Behinderung gestaltet werden kann. Es gibt zudem Stadtführungen für Menschen mit Sehbehinderungen und für Rollstuhlfahrer.

❭ Das Welcome Center (s. S. 115) am Holstentorplatz bietet taktile Stadtpläne und ein Reliefbuch für Sehbehinderte.

❭ Auf dem Marktplatz hinter der Stadtbäckerei Junge steht ein **Bronzemodell** (s. S. 69) mit einem äußerst detailreichen Relief der Lübecker Altstadt in den Maßen 1,80 x 1,20 m, an dem Sehbehinderte sich einen guten Eindruck verschaffen können.

# Diplomatische Vertretungen

● **147** [E1] **Honorarkonsulat von Österreich,** Gertrudenstr. 15, Tel. 0451 3100150, honorarkonsul@brueggen.com, Sprechzeiten: Mo.–Fr. 9–12 Uhr

❭ **Schweizerische Botschaft,** Otto-von-Bismarck-Allee 4A, 10557 Berlin, Tel. 030 3904000, Sprechzeiten: Mo.–Fr. 9–12 Uhr

# Geldfragen

Lübeck ist **keine teure Stadt**, zumindest nicht, wenn man sie mit anderen beliebten mitteleuropäischen Städten vergleicht.

Dies zeigt sich besonders bei den Unterkunftspreisen und dem Preisniveau in der Gastronomie. Es gibt relativ viele **Budget-Unterkünfte** wie Jugendherbergen oder ähnliche Einrichtungen. Aber auch wer ein 3- oder 4-Sterne-Hotel bevorzugt, kann manchmal ganz erstaunliche Preise realisieren.

So bieten einige Hotels Wochenendpauschalen oder gleich ganze **Arrangements** an, die neben der Übernachtung auch noch ein Abendessen, eine Kanalfahrt oder einen Museumsbesuch einschließen. Hier lohnt es sich, genau die Internetseiten der einzelnen Hotels zu studieren. Aber auch über die Lübecker Tourismuszentrale (s. S. 115) lassen sich reizvolle Pauschalangebote buchen, dazu wurde extra ein eigener Prospekt zusammengestellt.

❯ Infos: www.luebeck-tourismus.de oder Tel. 0451 8899700

❯ Auch der **Lübecker Verkehrsverein** bietet Pauschalen an, die in der Regel zwei oder drei Übernachtungen beinhalten. Infos dazu erhält man unter der Telefonnummer 0451 72300 oder online auf der Website www.verkehrsverein-luebeck.de.

Es gibt in Lübeck ein paar höherklassige und damit recht teure **Restaurants,** aber im Allgemeinen wird der Hungrige für überschaubares Geld satt. Außerdem bieten viele Lokale einen preiswerten Mittagstisch an. Da Lübeck eine Studentenstadt ist, gibt es natürlich auch einige Studentenkneipen für den schmaleren Geldbeutel.

## Lübeck preiswert

❯ Mit der **HappyDay Card** lassen sich viele Vorteile realisieren, beispielsweise hat man freie Fahrt in allen Bussen und Bahnen innerhalb des Stadtgebiets (und damit auch bis Travemünde), weiterhin erhält man Ermäßigungen in vielen Museen, im Theater und bei Kanal- und Hafenrundfahrten. Preis: 11 € für 24 Std., 13 € für 48 Std., 16 € für 72 Std. Gültigkeitsdauer.

❯ Die Lübecker **Museen** haben sich auf einheitliche Öffnungszeiten und Eintrittspreise festgelegt. Neben dem im Buch genannten Preis für Erwachsene ist der Eintritt für Kinder bis 6 Jahre frei, außerdem zahlen Kinder und Jugendliche bis 18 Jahre mit wenigen Ausnahmen überall nur 2 €.

Darüber hinaus gibt es noch folgende Angebote: „Familienkarte 1" (ein Erwachsener plus beliebig viele Kinder) 7 €, „Familienkarte 2" (zwei Erwachsene plus beliebig viele Kinder) 10 €. Außerdem kann innerhalb von drei Tagen nach einem Museumsbesuch unter Vorlage der Eintrittskarte ein zweites Museum mit 50 % Rabatt besucht werden.

❯ In der **Musikhochschule** (s. S. 30) finden beinahe täglich Aufführungen und Prüfungen statt (meist um 17 und 20 Uhr), die meisten dieser Konzerte sind öffentlich und kostenlos.

# Informationsquellen

## Infostellen in der Stadt

**❶103** [B5] **Welcome Center (Touristbüro)**, Holstentorplatz 1, 23552 Lübeck, Tel. 0451 8899700, 3.1.–31.3., 1.10.–30.11. Mo.–Fr. 9–18 Uhr, Sa. 10–15 Uhr, feiertags 10–14, April/Sept. Mo.–Fr. 9–18 Uhr, Sa. 10–16 Uhr, So./feiertags 10–15 Uhr, 1.5.–30.8. Mo.–Fr. 9–19 Uhr, Sa. 10–16 Uhr, So./feiertags 10–15 Uhr, 1.–31.12. Mo.–Fr. 9–19 Uhr, Sa. 10–16 Uhr, So. 10–15 Uhr. Hier erhalten Besucher alle Arten von Info-Materialien, Lübeck-Souvenirs und auch Hilfe bei Hotelbuchungen. Obendrein gibt es ein kleines Café.
› **Fahrpläne der Stadtbusse:** Service-Center am ZOB, Tel. 0451 8882828, www.stadtverkehr-luebeck.de

## Veranstaltungs- und Kartenservice

› im **Welcome Center** (s. o.)
› **Konzertkasse im Pressezentrum** (s. S. 18)
› **Konzertkasse in der Buchhandlung Hugendubel** (s. S. 17), www.konzert kasse-luebeck.de
› im **Klassik Kontor** (s. S. 20)

## Lübeck im Internet

› **www.luebeck.de:** Das informative Portal der Stadt Lübeck richtet sich an Bewohner, aber auch an Touristen und beinhaltet sehr viele Informationen (u. a. Stadtplan und Veranstaltungskalender) sowie auch einige praktische Tipps.
› **www.luebeck-tourismus.de:** Die Website vom Betreiber Lübeck Travemünde Marketing bietet sehr viele touristische Informationen. Gut und logisch aufgebaut, man findet schnell, was man sucht.
› **www.luebecker-weihnachtsmarkt.de:** Die Lübecker Weihnachtsmärkte sind weit über die Stadtgrenzen hinaus bekannt und beliebt, auf dieser Website findet man alle notwendigen Informationen und Termine zum Thema.
› **www.kirchenmusik-luebeck.de:** Veranstaltungsübersicht zu Konzerten in Lübecks Kirchen
› **www.unser-luebeck.de:** Online-Magazin für Kunst und Kultur mit Veranstaltungskalender, Infos und Rezensionen
› **www.ln-online.de:** Webauftritt der Lübecker Nachrichten mit tagesaktuellen Infos zu Lübeck und aus aller Welt, aber auch mit Veranstaltungshinweisen
› **www.ultimo-luebeck.de:** tagesaktueller Veranstaltungskalender zur Hansestadt samt Umgebung
› **www.szeneluebeck.de:** umfangreiche Übersicht über Veranstaltungen aller Art wie Kino, Konzerte, Theater, aber auch Partys

## Lübeck-Apps

› **Lübeck Magazin:** Kino, Theater, Konzerte – die App zeigt alle aktuellen Termine und die Lage der Veranstaltungsorte im Stadtplan. Auch Ticketbuchungen sind möglich (kostenlos für Android und iOS).
› **die LÜBECKER MUSEEN:** Die App bietet einen Überblick über das vielfältige Museumsangebot der Hansestadt Lübeck (kostenlos für Android und iOS).
› **Ultimo Lübeck:** App des Stadtmagazins mit Terminen, Rezensionen und Kleinanzeigen (kostenlos für Android und iOS).

## Publikationen

› **Lübecker Nachrichten:** Die regionale Tageszeitung zählt mit einer verkauften Auflage von gut 100.000 Exemplaren zu den auflagenstärksten Zeitungen in Schleswig-Holstein.
› **ultimo,** Lübecks Stadtmagazin: Das monatlich erscheinende, kostenlose Heft mit sehr vielen Terminen, Rezensionen,

## Meine Literaturtipps

> *Eva Almstädt: „**Engelsgrube**". Ein Lübeck-Krimi mit sehr viel Lokalkolorit. Zwei Menschen werden in der Lübecker Altstadt brutal ermordet, die Waffen sind ein antikes Stilett und ein alter Armeerevolver. Pia Korittki, Kommissarin bei der Lübecker Mordkommission und selbst mit ein paar privaten Problemen hadernd, ermittelt in der Hansestadt. Eva Almstädt hat mit Pia Korittki eine sympathische Ermittlerin entwickelt, die mittlerweile schon in sieben Romanen auf Täterjagd gegangen ist. Schwungvoll und spannend geschrieben, der Leser wird viele Straßen und Plätze wiedererkennen.*

> *Ella Danz: „**Kochwut**". Der Lübecker Kommissar Angermüller ermittelt in einem Todesfall im Umfeld einer Kochshow. Dabei muss sich der Hobbykoch mit überdrehten Fernsehleuten und arroganten Fernsehköchen herumschlagen. Kommissar Angermüller, der nebenbei seine liebe Not mit der eigenen Ehe hat, löste schon mehrere Fälle in und um Lübeck, bei denen auch immer seine Kochkünste eine gewisse Rolle spielen - und natürlich auch die Stadt Lübeck.*

> *Heinz-Joachim Draeger. „**Lübeck anschaulich: Geschichte erleben in einer alten Stadt**". Geschichtsbücher sind staubtrocken? Dieses nicht! Heinz-Joachim Draeger erzählt Lübecks Geschichte in Zeichnungen mit fast schon kindgerechtem Witz und zeigt historische Zusammenhänge klar und deutlich auf. So wird nicht nur der historisch korrekte Ablauf geschichtlicher Ereignisse erläutert, Draeger zeigt auch Sehenswürdigkeiten oder das typische Haus eines Kaufmanns im Querschnitt. Ein wunderbares Buch, das Lübecks Geschichte ausgesprochen anschaulich und lebendig vermittelt.*

> *Thomas Mann: „**Buddenbrooks: Verfall einer Familie**". Wo, wenn nicht hier in Lübeck, könnte/sollte man diesen Roman (noch einmal) lesen? Mit leicht ironischem Unterton beschreibt der zum Zeitpunkt der Veröffentlichung noch sehr junge Thomas Mann seine eigene Familie und viele Lübecker Bürger (heute würde man wohl „VIPs" sagen). Etliche prominente Lübecker erkannten sich in den Beschreibungen und sollen ziemlich verärgert gewesen sein. Es kursierten damals*

---

Kleinanzeigen und Tipps zu Lübeck liegt an über 200 Stellen der Stadt aus.

> **Szene Lübeck:** Das kostenlose Magazin der Stadt beinhaltet Kleinanzeigen, Termine, Rezensionen, aber auch Infos zu Veranstaltungen, die außerhalb Lübecks stattfinden.

# Internet und Internetcafés

**Kostenlose Hotspots** sind bislang nicht überall zu finden, die Situation bessert sich aber zunehmend. Auf

sogar Listen, in denen reale Personen der jeweiligen Romanfigur zugeordnet wurden. Die Beschreibungen der Gassen, der Häuser oder des Rathauses geben auch heute noch einen guten Eindruck vom Lübecker Stadtbild. In den Lübecker Buchhandlungen werden unterschiedliche Ausgaben des Romans angeboten, auch einige sehr schöne historische Versionen.

> Derek Meister: *„Rungholts Ehre".* Lübeck im ausgehenden 14. Jahrhundert: Rungholt, ein beleibter und bärbeißiger Kaufmann mit einem dunklen Geheimnis und einem ausgeprägten Hang zu Bier, stapft durch das spätmittelalterliche Lübeck und sucht einen Mörder gegen alle Widerstände. Denn im Gegensatz zu fast allen anderen glaubt Rungholt nicht an die Schuld seines Lehrlings, dem man vorwirft, einen Fremden erschlagen zu haben. Schon bald entpuppt sich der Tod des Fremden als höchst komplizierter Fall, in den auch scheinbar honorige Kaufleute und Ratsherren involviert sind. Derek Meister beschreibt die Szenerie des mittelalterlichen Lübecks atmosphärisch unglaublich dicht. Als Leser wandert

man an Rungholts Seite über glitschiges Kopfsteinpflaster, hockt neben ihm auf knarzigen Bänken in stinkenden Pinten und schaut ihm bei Verhandlungen im Rathaus, wo der Hitzkopf regelmäßig ausrastet, über die Schulter. Den Titel sollte man unbedingt abends in einem Lübecker Hotel lesen, denn die Schilderungen der Straßen und Gänge haben höchsten Wiedererkennungswert! Derek Meister lässt Rungholt auch in weiteren Romanen ermitteln, wobei der Titel „Knochenwald" allerdings in München spielt.

Der Verlag Kalimedia hat einen Stadtplan herausgegeben, der wunderbar zu diesem Titel passt: *„Lübeck im Jahr 1872".* Stilecht auf bräunlichem Papier, sodass die Karte fast schon ein wenig historische Patina annimmt. Hier sind sehr schön die alten Straßenzüge mit den historischen Namen dargestellt. Ein perfekte Ergänzung zu den Rungholt-Büchern.

Darüber hinaus hat der Kalimedia-Verlag weitere sehr genaue Stadtpläne hergestellt, sowohl zum innerstädtischen Bereich Lübecks als auch zum gesamten Stadtgebiet.

---

Lübecks Flugplatz und in der Stadtbibliothek sind solche WLAN-Zonen zu finden, außerdem in folgenden Lokalen:

> Im Alten Zolln (s. S. 28), Historischer Weinkeller (s. S. 83), Ohana (s. S. 28), Marina (Travemünde, s. S. 109)

@**104** [E5] **Internetcafé Netzwerk,** Wahmstr. 58, Tel. 0451 4095552, www.internetcafe-luebeck.de, Mo.–Sa. 10–19.30 Uhr

> Auch im **Welcome Center** (s. S. 115) am Holstentorplatz finden Besucher Internetterminals vor.

# Medizinische Versorgung

> ✚105 **Universitätsklinikum Lübeck**, Ratzeburger Allee 160, Tel. 01805 119292, auch unter Tel.116117 (kostenlos ohne Vorwahl) ärztlicher Bereitschaftsdienst Mo., Di, Do. 19–23, Mi., Fr. 15–23, Sa., So. 8–23 Uhr

> **Klinik für Kinder- und Jugendmedizin im Universitätsklinikum Lübeck**, Ratzeburger Allee 160, Sprechstunde: Mi., Fr. 16–19, Sa., So. 10–13, 16–19 Uhr, Tel. 0451 5005090 (Notdienst der Kinderklinik) oder 01805 119292 (allgemeine Notdienstnummer in Schleswig-Holstein)

> **Zahnärztlicher Notdienst:** Tel. 01805 996363, am Wochenende Tel. 0451 691913

> **Apothekennotdienst:** www.luebeck.de/bewohner, Stichwort: „Bürgerservice", „Notdienste"

> ✚106 [D4] **Adler Apotheke**, Breite Str. 71, Tel. 0451 7988515, Mo.–Fr. 8.30–19, Sa. 9.30–18 Uhr

# Mit Kindern unterwegs

## Theater

> **Figurentheater Lübeck** (s. S. 29). Ständig wechselnde Aufführungen mit einzigartigen Theaterfiguren.

> ↻107 **Kindertheater am Tremser Teich**, Warthestr. 1a, Anfahrt: per Bus 1 oder 10 ab ZOB bis Tremser Teich, dann noch ca. 100 m Fußweg, Tel. 4792047, www.theater-am-tremser-teich.de. In diesem Kindertheater werden hauptsächlich Märchen aufgeführt.

> ↻108 [D7] **Kindertheater auf der Freilichtbühne Lübeck**, Wallstraße 10, Tel. 7567564, www.freilichtbuehne-luebeck.de. In der Freilichtbühne südlich der Altstadt werden Stücke aufgeführt, die Kinder begeistern können, beispielsweise Pippi Langstrumpf. Im Winter wird auch gespielt, dann jedoch im Schuppen 6 am Hafen an der Untertrave.

> **Lübecker Wasser Marionetten Theater** (s. S. 30). In Aquarien unterschiedlicher Größe werden humorvolle und poetische Geschichten rund um fröhliche Meeresbewohner zum Besten gegeben. Ein echtes Highlight für Groß und Klein!

## Museen, Sehenswürdigkeiten

> Im **Museum für Natur und Umwelt** (s. S. 32) sind ein richtiges Walskelett und etliche lebensecht wirkende Tiere ausgestellt. Unter anderem wird auf verständliche Weise erklärt, wie ein ganzes Bienenvolk Honig produziert.

> Ein richtig großes Segelschiff und damit ein Hingucker für Kinder ist der **Viermaster Passat** ㉙, der in Travemünde liegt.

> ㉑ [C5] **TheaterFigurenMuseum**. Liebevolle Sammlung von Theaterfiguren, Marionetten, Stabpuppen, kleinen Bühnen und vielem anderen mehr.

## Sonstiges

> ●109 [D7] **Minigolf**, Wallstraße 20, Tel. 74433, in der Saison tägl. 14.30–21 Uhr, in den Ferien ab 11 Uhr

> In der Glockengießerstraße 64 liegt der schmale **Nöltings Gang**, der einen großen, grünen Innenhof mit **Kinderspielplatz** beherbergt (1.3.–31.10. 8–19 Uhr, in den Sommerferien 8–20 Uhr, 1.11.–28.2. 8 Uhr bis zum Einbruch der Dunkelheit).

*▷ Nicht nur für Kinder ein echter Hingucker: Skelett eines Pottwals im Museum für Natur und Umwelt*

057 lk Abb.: sm

> Stadtführungen für Kinder findenvon Mai bis zum 1. September am 1. Samstag im Monat, im Juli und August jeden Samstag statt. Start jeweils um 14 Uhr ab Welcome Center (s. S. 115), Dauer: 1½–2 Std., Anmeldung unter Tel. 4091950, Preis: 7 €.

# Notfälle

## Notrufnummern

> **Feuerwehr:** 112
> **Polizei:** 110
> **Notarzt:** 112

## Polizei und Fundbüro

- **110** [D4] **Polizeirevier,** Mengstr. 20, Tel. 1310
- **111** [E4] **Fundbüro,** Dr.-Julius-Leber-Str. 46–48, Tel. 1223256, Mo./Di. 8–14, Do. 8–18, Fr. 8–12 Uhr
> Das **Fundbüro des Stadtverkehr Lübeck** liegt am ZOB und sammelt alle in den Bussen gefundenen Fundsachen. Tel. 8882828, Mo.–Fr. 5–20, Sa./So. 9–16 Uhr. Man kann auch online nach verlorenen Gegenständen suchen: www.stadtverkehr-luebeck.de.

## Kartenverlust

**Verloren gegangene Kredit- oder EC-Karten** sollte man umgehend per Anruf beim zentralen Sperrannahmedienst für Debitkarten (z. B. Maestro-Karten, BankCards, SparkassenCards) unter Tel. 01805 021021 oder aber beim zentralen **Sperr-Notruf** unter **Tel. 116116** (hier sind auch Kredit- und SIM-Karten-Sperrung möglich) melden. Es empfiehlt sich, vor der Reise die individuellen Kartensperrnummern (auf einem Merkblatt oder der Kartenrückseite) zu notieren.

> www.sperr-notruf.de
> www.kartensicherheit.de

Für Besitzer von österreichischen oder Schweizer Karten wird dieser Service vorerst nicht angeboten. Deshalb sollten sie sich vor der Reise über die jeweiligen Sperrnummern informieren.

# Post

- ✉ **112** [E4] **Postfiliale Altstadt,** Königstr. 44, Mo.–Fr. 9–18, Sa. 9–13 Uhr

# Radfahren

Wer ausschließlich die Lübecker Altstadt besuchen möchte, benötigt kein Fahrrad. Die Wege sind kurz, ein Rad würde eher stören. Aber vielleicht möchte der ein oder andere einen **Ausflug** machen, beispielsweise **zum nahen Ostseebad Travemünde** (s. S. 97). Das ist problemlos möglich, die Strecke fahrradfreundliche 17 km lang – und wer es dann nicht mehr aus eigener Kraft zurück schafft, nutzt einfach die Bahn. Der Startpunkt liegt direkt beim Burgtor ⑫, von dort ist die Strecke ausgeschildert. Unter www.luebeck-tourismus. de (unter „Erkunden", „Aktiv & Natur") kann man sich auch eine detaillierte Wegbeschreibung herunterladen. **Wichtig:** Die Trave kann nur durch einen mautpflichtigen Tunnel passiert werden, der für Radler gesperrt ist. Hier pendelt alle 20 Minuten ein Shuttlebus.

Ⓢ 113 [E8] **Bike and Tour,** Geniner Str. 2, Tel. 5041440, www.fahrrad-laden. info, Mo.–Fr. 9–18.30, Sa. 9–14 Uhr. Auf Wunsch werden die Räder gegen eine kleine Gebühr auch zur Unterkunft gebracht und wieder abgeholt.

# Schwule und Lesben

❯ **Infos:** http://luebeck.gay-web.de
❶ 114 [C6] **Chapeau Claque,** Hartengrube 25–27, Tel. 77371, www.cchl.de, Di.–Do. 19–1 Uhr, Fr./Sa. 21–4 Uhr. Szenelokal für Schwule und Lesben im Malerviertel.

058lk Abb.: sm

# Sport und Erholung

## Kanutouren

Lübeck wird von den Flüssen Trave und Wakenitz umflossen, zwei sehr schönen Paddelrevieren.

❯ **Kanu- und Kajakverleih von Bike and Tour** (siehe „Radfahren"), Tel. 71333, April–Okt. tägl. 10–18 Uhr, www.kanuzentrale.de. Verleih von Kanus und Kajaks, auf Wunsch auch Übernahme des Transports.

## Schwimmen

Neben den unten genannten Bädern bietet sich vor allem im Sommer ein **Ausflug nach Travemünde** (s. S. 97) an. Der dortige Ostseestrand wird auch höchsten Ansprüchen genügen.

Ⓢ 115 [E6] **Freibad am Krähenteich,** An der Mauer 51, Tel. 3970650, Mitte Mai–Mitte Sept. tgl. 10–19 Uhr, Eintritt 2 €, Kinder 1 €. Das kleine historische Freibad liegt mitten in der Lübecker Altstadt und bietet eine schöne Liegewiese.

*⌂ Lübeck lässt sich auch vom Wasser aus entdecken*

**S 116 Naturbad Marli,** Alexanderstr. 2 b, Tel. 63877, Bus Nr. 11 vom ZOB, Bus Nr. 4 von der Königstraße, 15.5.–15.9. tgl. 10.30–19.30 Uhr. Eintritt 2 €, Kinder 1 €. Das Naturbad an der Wakenitz verfügt über Liegewiese, Sandstrand und Sprungturm. Der Schwimmerbereich misst 7300 m², der Bereich für Nichtschwimmer etwa 2300 m². Das Bad liegt nicht weit von der Altstadt entfernt am jenseitigen Ufer der Wakenitz.

# Stadttouren

## Stadtrundgänge

> Die **Lübeck Rundum-Führung** wird auch als „klassische Stadtführung" bezeichnet. Dauer: etwa 2 Stunden, Preis: 7 € p. P., Termine: ganzjährig um 11 Uhr, in der Saison von Mai bis Oktober meist zusätzlich noch um 14 Uhr, jedoch nicht am Sonntag. Infos im Welcome Center (s. S. 115) oder unter Tel. 4091950.
> **Audio-visueller Stadtrundgang** als sogenannte itour mit einem PDA (Personal Digital Assistant), einem kleinen tragbaren Minicomputer. Dabei zeigen Heinrich und Thomas Mann den Besuchern auf einem Rundgang „ihr" Lübeck. Infos unter www.itour.de oder im Welcome Center (s. S. 115), dort auch Ausleihe, Preis: für 3 Std. 7,50 €, für den ganzen Tag 10 €.
> **Stadtführungen für Kinder** s. S. 119.

## Stadtrundfahrten

Infos zur **Schiffsrundfahrten** s. S. 127.
> Stadtrundfahrt durch Lübeck im **Cabrio-Doppeldecker-Bus:** Mai–Sept. täglich zwischen 10 und 16 Uhr, Dauer etwa 45 Minuten, Einstieg An der Untertrave/Holstenbrücke [C5] und am Gustav-Radbruch-Platz knapp hinter dem Burgtor **12**, Preis: 8 €, Kinder 4,50 €, Fami-

lien 20 €, Infos: www.lvgbus.de (unter „Freizeit"), Tel. 861644. Unterwegs erhält man Erklärungen zu den einzelnen Sehenswürdigkeiten.
> **Kombitour Bus/Schiff:** Erst eine Stadtrundfahrt mit dem **Cabrio-Doppeldecker-Bus,** danach eine Hafenrundfahrt mit einem Ausflugsschiff des Betreibers City Schifffahrt. Abfahrt Schiff: zwischen Fußgängerbrücke und Untertrave, Ecke Mengstraße auf der Altstadtseite, Termine: Mai–September tgl., Infos: www.cityschifffahrt.de, Preis: Erw. 15 €, Kinder 9 €, Familie 39 €

# Telefonieren

> **Vorwahl von Lübeck:** 0451
> **Vorwahl von Travemünde:** 04502
> **Vorwahl der Schweiz:** 0041
> **Vorwahl von Österreich:** 0043

⌂ *Mit dem Cabrio-Doppeldecker-Bus durch Lübeck*

# Unterkunft

Alle Privatreisenden müssen in Lübeck eine **Übernachtungssteuer** von 5 % auf den Zimmerpreis bezahlen, Geschäftsreisende zahlen dagegen nichts.

## Zimmervermittlung

> Das **Welcome Center** am Holstentorplatz (s. S. 115) bietet einen Zimmervermittlungsservice an: Tel. 0451 8899700, Fax 9091992.

## Hotels

### In Lübeck

🏨 **117** [C4] **Alter Speicher** €€–€€€, Beckergrube 91–93, Tel. 71045, www. hotel-alter-speicher-luebeck.de. Zentral gelegenes Haus mit 43 Zimmern, darunter neben den Standardzimmern auch einige First-Class-Zimmer mit hochwertiger Ausstattung sowie drei Suiten (u. a. mit Whirlpool). Alle Etagen sind unterschiedlich gestaltet und geschmackvoll dekoriert. Mit Sauna, Solarium, kleinem Garten und Dachterrasse.

🏨 **118** [D5] **Atlantic Hotel Lübeck** €€€, Schmiedestr. 9–15, Tel. 384790, Fax 38479500, www.atlantic-hotels.de. Mitten in der Altstadt liegt dieses große 4-Sterne-Hotel, das dank aufeinander abgestimmter Farben und Dekore eine sachlich-moderne Eleganz ausstrahlt.

Es bietet 135 komfortabel eingerichtete Zimmer, Studios und Suiten, ein hauseigenes Restaurant, eine Bar, einen Sauna- und Fitnessbereich und eine Dachterrasse mit tollem Blick über die Dächer der Stadt. Ausgezeichnetes Frühstück! Mit WLAN-Internetzugang.

🏨 **119** [A5] **Excelsior** €€, Hansestr. 3, www. hotel-excelsior-luebeck.de, Tel. 88090, Fax 880999. Das privat geführte Haus mit hauseigener Tief- und Fahrradgarage liegt jeweils 5 Minuten zu Fuß vom Bahnhof und vom Holstentor entfernt und hat 81 Zimmer, darunter auch einige für Raucher und für Familien (mit drei oder vier Betten). Alle Zimmer verfügen über Bad/WC, TV, Internetzugang, WLAN. Das Haus bietet auch Pauschalen an.

🏨 **120** [F1] **Holiday Inn Lübeck** €€€, Travemünder Allee 3, Tel. 37060, Fax 3706666, www.ihg.com. Mit viel Holzdekor und warmen Farben entspricht es dem skandinavischen Stil. Das Hotel verfügt über 158 Zimmer (darunter 15 Superior Rooms und einige Suiten). Mit WLAN-Internetzugang.

🏨 **121** [C6] **Hotel am Dom** €€, Dankwartsgrube 43, Tel. 3999410, Fax 3999411, www.cvjm-luebeck.de. In einer der reizvollsten Ecken der Altstadt und ganz nahe zur Obertrave liegt dieses vom CVJM betriebene Hotel garni. Es bietet insgesamt 9 EZ und 8 DZ sowie ein Familienzimmer (mit vier Betten), alle Räume verfügen über Bad/WC und Internetzugang.

## Preiskategorien

DZ/Nacht inkl. Frühstück:
> €     bis 50 €
> €€     50–100 €
> €€€ ab 100 €
(5 % Übernachtungssteuer sind nicht immer inklusive.)

▷ *Das Radisson Blu Senator Hotel (s. S. 124) liegt direkt am Ufer der Trave*

060Ik Abb.: sm

🏠**122** [D4] **Hotel an der Marienkirche** €€, Schüsselbuden 4, Tel. 799410, Fax 7994149, www.hotel-an-der-marien kirche.de. Schickes Nichtraucher-Hotel im skandinavischen Design mit klaren Farben, Formen und kleinen zeitgenössischen Kunstgegenständen. Die 18 in hellem Holz gestalteten Zimmer sind allergikergerecht eingerichtet, Haustiere daher nicht erwünscht. WLAN.

🏠**123** [C4] **Hotel Anno 1216** €€€, Alfstr. 38, Tel. 4008210, Fax 40082110, www. hotelanno1216.de. Hier nächtigt man in einem der ältesten Häuser der Hansestadt Lübeck. Das Gebäude wurde um 1216 erbaut, ab 1305 sind die Hauseigentümer nachweisbar. Angeboten werden sechs DZ, zwei EZ und drei Suiten. Jedes Zimmer hat seinen individuellen Charme und eine eigene Geschichte, die auf kleinen Wandtafeln erzählt wird. Die Zimmer sind unter Erhaltung der historischen Bausubstanz topmodern eingerichtet, was ein sehr stimmiges Bild ergibt. So verlaufen noch alte Decken-

balken durch die Räume und vor allem die Suiten sind mit Wandmalereien oder Stuckdecken geschmückt.

🏠**124** **Ibis Budget Lübeck City Süd** €, Berliner Str. 1–1 A, Bus Nr. 7 von/bis ZOB/ Hauptbahnhof fährt bis zur Haltestelle Etap Hotel, vorbei am Holstentor und der Königstraße (Zentrum), Tel. 5855820, Fax 5855825, www.ibis.com. Minimalistisch ausgestattete Zimmer, die tadellos und absolut zweckmäßig mit Dusche, TV, einem großen Bett für zwei Personen samt Etagenaufsatz für ein Kind eingerichtet sind. Alles korrekt und ohne überflüssigen Komfort. Ein Frühstück wird serviert. Mit WLAN-Internetzugang.

🏠**125** [D3] **Klassik Altstadt Hotel** €€€, Fischergrube 52, Tel. 702980, Fax 73778, www.klassik-altstadt-hotel. de. Charmantes Haus mit 28 Zimmern, die jeweils einem berühmten Lübecker Künstler gewidmet sind. Relativ viele EZ, von denen einige nur Bad/WC auf Etage haben. Insgesamt ein sehr stilvoll eingerichtetes Haus mit einem allen Gästen zugänglichen Kaminzimmer zum Entspannen. Das Haus liegt sehr zentral und verfügt über keinen hoteleigenen Parkplatz, ein gebührenpflichtiger öffentlicher Parkplatz liegt 250 m entfernt. Mit WLAN-Internetzugang.

**126** [A5] **Park Hotel** €€, Lindenplatz 2, Tel. 871970, Fax 8719729, www.park hotel-luebeck.de. Kleines Hotel in einer reizvollen Jugendstilvilla mit 24 rauchfreien Zimmer und Suiten. Zum Bahnhof sind es etwa 5 Minuten Fußweg, zum Holstentor eher nur 3 Minuten. Familien bekommen auf Wunsch Extrabetten, alternativ werden zwei Zimmer mit Verbindungstür angeboten. Ein kleiner Garten ist angeschlossen. Es können auch Pauschalarrangements gebucht werden. Mit WLAN-Internetzugang.

**127** [B5] **Park Inn** €€€, Willy-Brandt-Allee 1–5, Tel. 15040, Fax 1504111, www. parkinn.de. Dieses Hotel liegt knapp neben dem Holstentor am Rande der Altstadt und bietet insgesamt 197 modern eingerichtete Zimmer. Das angeschlossene Restaurant verfügt über eine Terrasse, außerdem gibt es eine Bar. Mit WLAN-Internetzugang.

**128** [B4] **Radisson Blu Senator Hotel** €€€, Willy-Brandt-Allee 6, Tel. 1420, Fax 1422222, www.senator-hotel.de. Sehr schöne Lage direkt am Ufer der Trave mit Blick auf die historische Altstadt. Das auffällige Gebäude mit drei in die Trave ragenden Flügeln, die auf Stelzen stehen, beherbergt insgesamt 224 modern und zweckmäßig eingerichtete Zimmer und Suiten. Mehrere Gastronomiebereiche, u. a. die Bier- und Weinstube „Kogge", von der die Gäste ebenfalls einen unvergleichlichen Altstadtblick genießen können. Mit WLAN-Internetzugang.

**129** [C5] **Ringhotel Jensen** €€–€€€, An der Obertrave 4–5, Tel. 702490, Fax 73386, www.hotel-jensen.de. Das Nichtraucher-Hotel in einem alten Patri-

zierhaus liegt direkt an der Obertrave. Es hat 42 komfortable Zimmer mit klaren Linien und Formen, unten befindet sich das hanseatisch-maritime Restaurant „Yachtzimmer". Mit kostenlosem WLAN-Internetzugang.

**130** [A5] **Treff** €€–€€€, Am Bahnhof 12–14, Tel. 809090, Fax 80909100, www. ramada.de. Das Hotel liegt beim Bahnhof und damit etwa 5 Gehminuten vom Holstentor entfernt. Es hat 96 Zimmer, darunter auch einige für Raucher, die modern und zweckmäßig eingerichtet und mit TV, Safe, Klimaanlage und WLAN-Internetzugang ausgestattet sind. Außerdem 40 kostenfreie Parkplätze.

**131** [E6] **Zur alten Stadtmauer** €€, An der Mauer 57, Tel. 73702, Fax 73239, www.hotelstadtmauer.de. Das kleine, 1901 erbaute Familienhotel liegt in einer ruhigen Nebenstraße unweit des Stadtzentrums und bietet insgesamt 24 Zimmer, darunter auch einige Familienzimmer. Die Hälfte der Zimmer ist allergikergerecht gestaltet. Mit WLAN-Internetzugang.

### In Travemünde

Vielleicht ist es ja für manchen Lübeck-Besucher eine reizvolle Alternative, ein Quartier in diesem nur 20 km entfernten Ostseebad mit langem Sandstrand zu wählen. Lübeck und Travemünde sind bestens per Bahn und Bus verbunden, selbst eine Taxifahrt reißt kein allzu großes Loch ins Budget. So kann man den Urlaubstag nach einem langen Bummel durch die Lübecker Altstadt entspannt abends am Strand ausklingen lassen. In Travemünde liegen sehr viele Hotels in allen Preisklassen, hier zwei Vorschläge.

🏨**132** [cg] **Deutscher Kaiser** €€-€€€, Vorderreihe 52, Tel. 04502 8420, www.deutscher-kaiser-travemuende.de. Das Hotel liegt direkt an der Travemünder Flaniermeile und bietet komfortable Zimmer und Apartments, teilweise mit Blick auf die Trave, außerdem einen Sauna- und Fitnessbereich.

🏨**133** [ce] **Hotel Atlantic** €€€, Kaiserallee 2A, Tel. 04502 75057, www.hotel-atlantic-travemuende.de. Sehr schön am Meer und unmittelbar an der Promenade gelegene historische Jugendstilvilla aus dem Jahr 1910. Zimmer teilweise mit Blick auf die Ostsee.

## Jugendherbergen, Hostels

🏨**134** [C4] **Jugendherberge Lübeck „Altstadt"** €, Mengstr. 33, Tel. 7020399, Fax 77012, http://nordmark.jugendherberge.de. Einzigartige Lage mitten in der Altstadt von Lübeck, genauer in der Mengstraße **7**, also derselben Straße, in der auch das Buddenbrookhaus **8** liegt. Insgesamt 84 Betten, u. a. auch 5

◁ *Das kleine Familienhotel „Zur alten Stadtmauer" liegt in einem ruhigen Winkel der Altstadt*

EZ und 16 DZ, Duschen und WC befinden sich auf der Etage.

🏨**135** [F1] **Jugendherberge Lübeck „Vor dem Burgtore"** €, Am Gertrudenkirchhof 4, Busse 3, 11, 12, 31 halten am 200 m entfernten Gustav-Radbruch-Platz, einem großen Kreisverkehr direkt hinter dem Burgtor, Tel. 33433, Fax 34540, www.jugendherberge.de. Die Jugendherberge liegt knapp außerhalb der historischen Altstadt und nicht weit vom Burgtor **12** entfernt. Insgesamt gibt es 211 Betten, die verteilt sind auf 2- bis 6-Bett-Räume. WLAN.

🏨**136** [F4] **Rucksackhotel Lübeck** €, Kanalstr. 70, Tel. 706892, www.rucksackhotel-luebeck.de, Bett im 8er-Zimmer 15 €, im 4er-Zimmer bis 16 €, DZ ca. 40 €. Das kleine Backpacker-Hostel liegt im Werkhof am Ende der Glockengießerstraße **17**, dort liegen auch einige alternative Geschäfte. Unten gibt es ein DZ und ein 4-Bett-Zimmer mit eigenem behindertengerechtem Bad, während sich im Obergeschoss die Mehrbetträume finden. Diese haben 4, 6 oder 8 Betten und Bad sowie WC auf dem Gang, alle Zimmer verfügen über ein Waschbecken. Mit WLAN-Internetzugang.

🏨**137** [C5] **SleepIN** €, Große Petersgrube 11, Tel. 3999410, Fax 3999411, www.cvjm-luebeck.de. Dieses Jugendgästehaus wird vom CVJM betrieben und liegt mitten in der Altstadt in einem historischen Haus. Bis zur Obertrave, wo viele Lokale liegen, sind es kaum 5 Gehminuten. Geboten werden Mehrbettzimmer mit 2, 4, 6, oder 8 Betten, Bad/WC liegen auf dem Gang. Mit WLAN-Internetzugang.

## Ferienwohnung

●**138** [E5] **Altstadthaus** €€, Schlumacherstr. 5 (Haus 2), Tel. 8806103, Fax 8806104, www.altstadthausluebeck.de. Mal was anderes und vielleicht interessant für Besucher, die etwas länger in Lübeck bleiben möchten: das Mieten einer Ferienwohnung mitten in der Altstadt. Die Wohnung hat 63 m² Wohnfläche und befindet sich in einem historischen Haus in einem typischen Lübecker Gang („Zobels Gang"), dessen älteste Teile auf das Jahr 1430 datieren. Sehr schön und komfortabel eingerichtet, eignet sich das Haus für 2 bis 4 Personen (keine Haustiere).

## Camping

⚠ **139 Lübeck-Schönböcken**, Steinrader Damm 12, Bus Nr. 7 alle 20 Minuten von/zur Altstadt, Tel. 893090, Fax 893090, www.camping-luebeck.de, ganzjährig geöffnet. Kleiner Platz, der etwa 3,5 km westlich der historischen Altstadt liegt und auch für Wohnmobile und Caravans geeignet ist. Den Platz erreicht man aus Richtung Süden kommend über die A 1, Abfahrt 23 („Lübeck-Moisling"). Es gibt einen Kinderspielplatz, einen Kiosk und eine Ver- und Entsorgungsstation für Wohnmobile. Ein Lebensmittelgeschäft und ein Lokal finden sich in der Nachbarschaft.

## Wohnmobilstellplätze

⚠ **140 Wohnmobil Treff Lübeck**, An der Hülshorst 11, beim Sportpark Hülshorst, Bus Nr. 12 fährt in die Innenstadt, Tel. 32111, www.sportpark-huelshorst.com/womo, ganzjährig. Der Platz liegt außerhalb der Altstadt in Richtung Travemünde in einer Seitenstraße neben einem Sportpark, wo es auch ein Lokal gibt. Stromanschluss und eine Ver- sowie Entsorgungsstation sind vorhanden. Platz für 40 Wohnmobile, WLAN.

⚠ **141 [ag] WoMo-Stellplatz in Travemünde**, Am Baggersand 15, Tel. 04502 1300, www.park-and-sail.de, ganzjährig geöffnet, mit Platzbetreuung. Der Stellplatz befindet sich im benachbarten Ostseeort Travemünde und liegt direkt am Fischereihafen. Er bietet 90 Stellplätze, bis zur zentralen Einkaufsmeile sind es nur wenige Minuten Fußweg, dort befinden sich auch etliche Restaurants. Weitere, teilweise ziemlich urige Lokale liegen direkt am Fischereihafen. Ein Bäcker ist am Platz, Supermärkte befinden sich nur etwa 250 m entfernt.

# Verkehrsmittel

## Bahn

Die **Bahnstrecke Lübeck–Travemünde** wird in der Regel **stündlich** bedient. Sie verläuft vom Hauptbahnhof Lübeck zunächst durch die Vorstadt, erreicht dann aber rasch das Grüne und hält schließlich am Bahnhof Lübeck-Travemünde Strand. Dabei passiert man die weitläufigen Kaianlagen der großen Skandinavienfähren, die man schön aus dem Zug heraus betrachten kann.

Dieser Streckenabschnitt ist mit in die **Tarifgemeinschaft Lübeck** integriert, Fahrgäste können von einem Verkehrsmittel (Bahn) auf das andere (Bus) umsteigen, wobei die Tarifbestimmungen zu beachten sind. Der **Preis** für eine einfache Bahn- oder Busfahrt nach Travemünde beträgt 3 €.

▷ *Von den Schiffsanlegern an der Obertrave starten zahlreiche Rundfahrtschiffe*

## Bus

Wer die Lübecker Altstadt erkundet, kann und sollte dies in der Regel zu Fuß tun. Die gesamte Altstadt ist nicht sehr groß, vom Burgtor  im Norden bis zum Dom  im Süden sind es circa zwei Kilometer.

Das **Stadtbusnetz** ist ziemlich dicht und die meisten Busse passieren den ZOB, der gegenüber dem Lübecker Hauptbahnhof [A4] liegt. Touristisch interessante Linien sind:

› Die **Buslinie 30** fährt ab ZOB hinüber ins Ostseebad Travemünde und stoppt unter anderem am Strandbahnhof, praktisch in Sichtweite des Ostseestrands. Die Endstation dieser Linie heißt „Gneversdorf".

› Die **Buslinie 40** fährt vom ZOB ebenfalls nach Travemünde Strandbahnhof und weiter zum Endbahnhof Scharbeutz.

› Die **Buslinie 3** fährt vom ZOB an der Untertrave über die Breite Straße [D4/5], durch die Altstadt und das Burgtor  und dann stadtauswärts.

› Die **Buslinie 31** fährt vom ZOB über die Königstraße [E3–D5] durch die Altstadt und weiter durch das Burgtor  stadtauswärts bis Travemünde zum Strandbahnhof.

› **Infos:** www.stadtverkehr-luebeck.de

## Schiff

Das Angebot an **Ausflugsfahrten** auf dem Wasser ist umfangreich. So stehen zum Beispiel Touren durch den Hafen und über die Kanäle, durch die grüne Wildnis der Wakenitz, die aufgrund ihrer Schönheit auch den Beinamen „Amazonas des Nordens" trägt, oder Fahrten auf der Trave bis nach Travemünde auf dem Programm der Anbieter.

### Hafen- und Kanalrundfahrten

● **142** [C4] **City Schifffahrt**, Abfahrt an der Fußgängerbrücke bei der Mengstraße ● und an der Holstentorbrücke, Untertrave, Tel. 2963424, www.city schifffahrt.de, Mai–Ende September tgl. um 10, 11.30, 13, 14.30, 16, 17.30 Uhr, März–April und Okt. um 11, 12.30, 14, 15.30 Uhr, Dauer der Rundfahrten: jeweils 60 Min., Preis 12 €

● **143** [C5] **Quandt Linie Lübeck**, Abfahrt an der Musik- und Kongresshalle (Busparkplatz) und an den Holstentorterrassen an der Obertrave gegenüber vom Salzspeicher, Tel. 77799, www.quandt-linie.de, ganzjährig Fahrten zwischen 10 und 18 Uhr, von Mai bis September halbstündlich, in der Nebensaison seltener, Dauer 1 Std., Preis 9 €

● **144** [C5] **Stühff Barkassenfahrt**, Abfahrt An der Obertrave 14, Tel. 7078222, www.luebecker-barkassenfahrt.de, einstündige Fahrten mit einer original Hamburger Hafenbarkasse ganzjährig zwischen 10 und 17.30 Uhr, in der Nebensaison seltener, Preis 11 €

### Auf der Trave nach Travemünde

● **145** [D3] **Könemann Schifffahrt**, Abfahrt an der Drehbrücke an der Untertrave, Tel. 2801635, www.koenemannschiffahrt.de, April–Mitte Okt. tgl. 9.30 und 14 Uhr. Abfahrt in Travemünde gegenüber dem Café Niederegger, Vorderreihe 56: 11.45, 16.15 Uhr. Dauer: 105 Minuten, Preis: einfach 12 €, hin und zurück 19 € oder mit Traveticket 13,50 € (Kinder knapp die Hälfte), wobei eine Fahrt mit dem Stadtbus Nr. 30 oder 40 gemacht werden kann.

### Auf der Wakenitz

● **146** [G6] **Wakenitz Schifffahrt Quandt**, Abfahrt ab Moltkebrücke, Tel. 793885, www.wakenitz-schifffahrt-quandt.de, Abfahrt nach Rothenhusen Ende April bis Anfang Oktober tgl. 9.30, 11.30, 13.30 und 15.30 Uhr (am Montag Ruhetag), ab Rothenhusen 11.25, 13.25, 15.25 und 17.25 Uhr. Dauer: 100 Minuten, Preis: hin und zurück 16,50 € mit Aufenthalt in Rothenhusen, Kinder 10 €. Die Wakenitz gilt als einer der schönsten Flussläufe im Land und beeindruckt durch eine urwüchsige Naturlandschaft.

## Taxi

> **City Taxi**, Tel. 44244
> **Taxi Hagenow**, Tel. 83344
> **Lübecker Funktaxen**, Tel. 81122
> **Minicar**, Tel. 71011
> **Taxi Rüther**, Tel. 303636

> *Scheint die Sonne, flüchtet halb Lübeck an den Strand von Travemünde*

# Wetter und Reisezeit

## Klima

Das Klima in Lübeck und im nahen Ostseeraum kann so zusammengefasst werden: Es wird **sehr selten richtig kalt, aber auch sehr selten richtig warm.** Das liegt an der Nähe zum Meer und am ständig wehenden Wind. Dadurch kühlt die Luft immer leicht ab, gleichzeitig ist die Wahrscheinlichkeit extrem tiefer Temperaturen im Winter äußerst gering, es herrscht dann eher feucht-kühle Witterung.

Da in Schleswig-Holstein überwiegend Westwinde herrschen, ist das Wetter an der Ostsee und damit in Lübeck in der Regel aber doch ein bisschen freundlicher als an der Nordseeküste. Von Westen treiben die Winde Wolken übers Land, die sich nicht selten vor Lübeck wieder aufgelöst haben. Das führt oftmals dazu, dass in Lübeck und an der Ostsee die Sonne scheint, während man 100 km entfernt an der Nordsee bibbernd in einen grauen Himmel schaut. Es verwundert daher nicht, dass in Hamburg jährlich gut 100 mm mehr Regen fällt als in Lübeck.

Statistisch gesehen scheint deutschlandweit in Freiburg im Breisgau am häufigsten die Sonne (etwa 1740 Stunden im Jahr), aber erstaunlicherweise liegt Lübeck mit etwa 1620 Stunden gar nicht schlecht im Rennen, jedenfalls noch weit vor dem lediglich 65 Kilometer entfernten Hamburg mit seinen knapp 1550 Stunden. Als Lübeck-Besucher sollte man aber trotzdem immer ein wärmendes, regen- und winddichtes Kleidungsstück im Gepäck haben,

auch im Sommer und besonders am Abend, denn wie oben erwähnt weht hier immer etwas **Wind**, mal stärker, mal schwächer, aber richtig windstill ist es selten.

## Reisezeit

Lübeck hat sich mittlerweile zu einem **Ganzjahresziel** entwickelt. Natürlich kommen im **Sommer** die meisten Besucher, nicht nur weil es dann (hoffentlich) angenehm warm ist, sondern auch weil viele Ostsee-Urlauber, die in Travemünde und Umgebung ihr Quartier haben, sich einen Tagesbesuch der alten Hansestadt nicht entgehen lassen wollen. An solchen Tagen ist die Altstadt tatsächlich überlaufen und sind die Lokale entsprechend sehr voll. Das gilt auch und insbesondere für sommerliche Regentage, denn das sind die ei-

gentlichen Museums- und Ausflugstage, frei nach dem Motto: Regen da, Strände leer, Museen voll.

Eine sehr schöne Reisezeit sind die **Monate Mai, Juni und September**, also knapp vor und nach den Sommerferien. Das Wetter ist schon bzw. noch angenehm, aber die Stadt nicht ganz so überlaufen wie im Juli oder August. Auch im **Herbst** lohnt sich ein Lübeck-Besuch, ein Ostseespaziergang in Travemünde mit frischer Brise eingeschlossen. Die **Wintermonate** Januar, Februar und März sind die reiseschwächsten Monate, zu denen auch der November zählt. Der daraus resultierende Vorteil dieser kühlnassen Zeit: ruhige Altstadtgassen. Im Dezember statten hingegen sehr viele Gäste Lübeck einen Besuch ab, die von den wunderschönen Lübecker Weihnachtsmärkten angelockt werden.

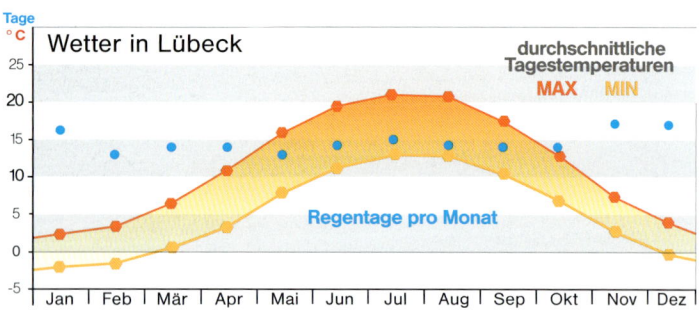

Wetter in Lübeck — durchschnittliche Tagestemperaturen MAX MIN — Regentage pro Monat

# **Anhang**

006k Abb.: sm

# Register

## Register

# Autor und Fotografin

Autor **Hans-Jürgen Fründt** kennt als gebürtiger Schleswig-Holsteiner und Ostseefan die Hansestadt Lübeck seit seiner Kindheit. Kaum ein Sommerurlaub verging, in dem er seinen Eltern als kleiner *Butscher* nicht quengelnd in den Ohren gelegen hätte, wenigstens einmal nach Lübeck zu fahren – zum Marzipannaschen. Diese Leidenschaft ist geblieben, aber später entdeckte der Autor auch die Faszination der mittelalterlichen Altstadt, besonders wenn sich am Abend allmählich Ruhe und Beschaulichkeit breitmachen.

Diese Momente der Stille suchte auch Fotografin **Susanne Muxfeldt** auf ihren Streifzügen durch die Altstadt. Wobei sie feststellen musste, dass sich die historischen Häuser in den engen Gassen gar nicht so leicht fotografieren lassen. Dies betrachtete sie aber als Ansporn und reiste daher für dieses Buch mehrfach zu allen Jahreszeiten in die „Königin der Hanse", den unterschiedlichen Lichtstimmungen auf der Spur. Und natürlich kam auch sie oftmals nicht an den Marzipanleckereien vorbei …

## Bildnachweis

Soweit nicht direkt am Bild vermerkt, stehen die Kürzel an den Abbildungen für folgende Fotografen, Firmen und Einrichtungen. Wir bedanken uns für die freundliche Abdruckgenehmigung.

| | |
|---|---|
| hj | Hans-Jürgen Fründt |
| LTM | Lübeck Tourismus |
| sm | Susanne Muxfeldt |
| Cover | Fotolia.com |
| | © Arno Bachert |
| Seite 2 | LTM/Reinhard Kruschel |

## Schreiben Sie uns

Dieser CityTrip-Band ist gespickt mit Adressen, Preisen, Tipps und Infos. Nur vor Ort kann überprüft werden, was noch stimmt, was sich verändert hat, ob Preise gestiegen oder gefallen sind, ob ein Hotel, ein Restaurant immer noch empfehlenswert ist oder nicht mehr usw. Unsere Autoren sind zwar stetig unterwegs und erstellen alle zwei Jahre eine komplette Aktualisierung, aber auf die Mithilfe von Reisenden können sie nicht verzichten.

Darum: Schreiben Sie uns, was sich geändert hat, was besser sein könnte, was gestrichen bzw. ergänzt werden soll. Wenn sich die Infos direkt auf das Buch beziehen, würde die Seitenangabe uns die Arbeit sehr erleichtern. Gut verwertbare Informationen belohnt der Verlag mit einem Sprechführer Ihrer Wahl aus der über 220 Bände umfassenden Reihe „Kauderwelsch".

**Bitte schreiben Sie an:** REISE KNOW-HOW Verlag Peter Rump GmbH, Postfach 140666, D-33626 Bielefeld, oder per E-Mail an: info@reise-know-how.de

Danke!

### Aktuelle Informationen nach Redaktionsschluss
Unter **www.reise-know-how.de** werden aktuelle Ergänzungen und Änderungen der Autoren und Leser zum vorliegenden Buch bereitgestellt. Sie sind auch in der **Gratis-App** zum Buch abrufbar.

# Weitere Titel für die Region von REISE KNOW-HOW

**GRATIS-APP**
- ✓ orientieren
- ✓ navigieren
- ✓ informieren

## CityGuide Hamburg
**Hans-Jürgen Fründt**
**978-3-8317-2437-6**

14 Seiten detaillierter Stadtplan
(auch als Faltplan zum Herausnehmen)
Liniennetzplan in der Umschlagklappe

276 Seiten | **14,80 Euro [D]**

Aktuelle Tipps zum individuellen Entdecken der Stadt
Spannende Exkurse zur hanseatischen Geschichte
Unterkünfte für jeden Geldbeutel und Geschmack –
Luxus, Bed & Breakfast, Jugendherberge und Campingplatz
Gastronomie von edel über kultig bis hin zur Hafenpinte
Detaillierte und verlässliche Reisetipps von A bis Z
Ultimative Szene- und Shopping-Adressen
Ausflüge in die Umgebung

Foto: Hans-Jürgen Fründt

## Ostseeküste Schleswig-Holstein

### Hans-Jürgen Fründt

**978-3-8317-2313-3**

336 Seiten
17 detaillierte Ortspläne und Karten

**14,90 Euro [D]**

Alle interessanten Orte an der Ostseeküste Schleswig-Holsteins
Quirlige Ferienzentren und stille Badestellen
Hinweise zur Beschaffenheit der Strände
Aktuelle Tipps und Adressen zu Unterkünften und Restaurants
Urlaubsaktivitäten und Ferienattraktionen
Vergleich der Preise für Kurtaxe
Hintergrundwissen zu Land und Leuten
22 Seiten zu Lübeck und 24 Seiten zu Fehmarn
Ausflüge nach Dänemark
Kleine Sprachhilfe Plattdüütsch

# www.reise-know-how.de

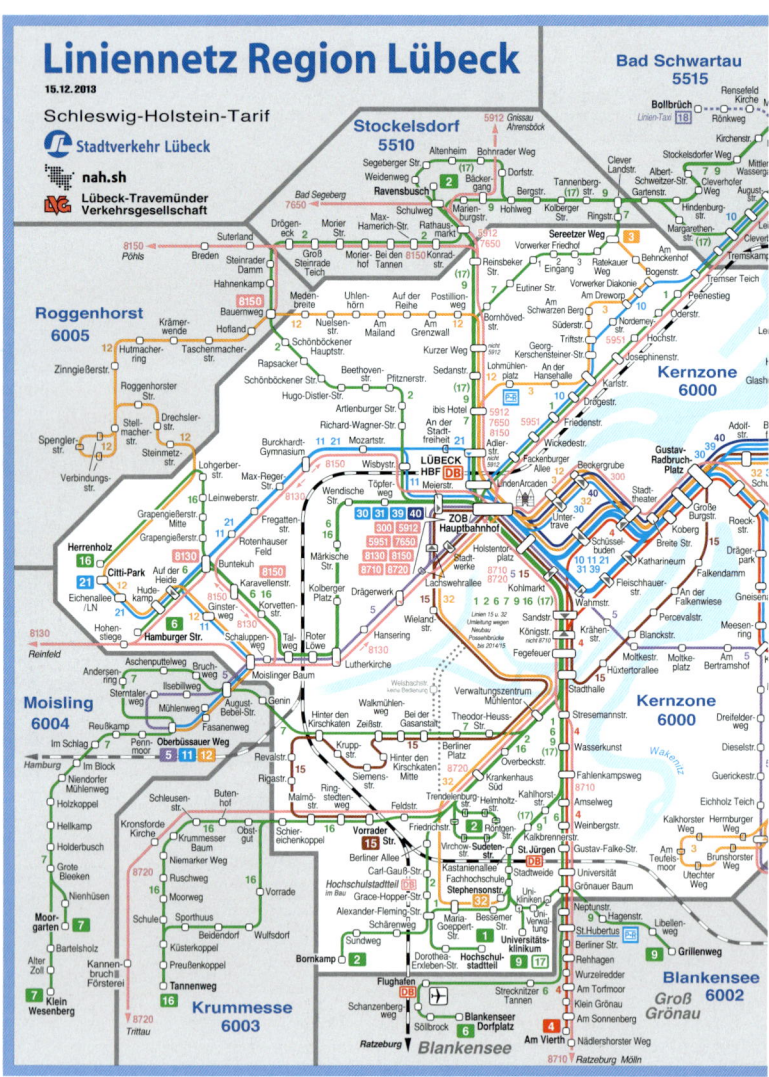

# Liste der Karteneinträge

## Liste der Karteneinträge

**Hier nicht aufgeführte Nummern** liegen außerhalb der abgebildeten Karten. Ihre Lage kann aber wie bei allen Ortsmarken im Buch mithilfe unserer Kartenansichten unter Google Maps™ gefunden werden (s. S. 144).

☐ *Segler bei der Travemünder Woche (s. S. 12)*

089lk Abb.: LTM/K. E. Voegele

# Lübeck mit PC, Smartphone & Co.

QR-Code auf dem Umschlag scannen oder **http://ct-luebeck14.reise-know-how.de** eingeben und den kostenlosen **CityTrip-Onlineservice** aufrufen!

★ **Anzeige der Lage und Luftbildansichten aller** beschriebenen Sehenswürdigkeiten und touristisch wichtigen Orte

★ **Routenführung** vom aktuellen Standort zum gewünschten Ziel

★ **Exakter Verlauf** des empfohlenen Stadtspaziergangs

★ **Audiotrainer** der wichtigsten Wörter und Redewendungen

## Weitere kostenlose Downloads auf www.reise-know-how.de

auf der Produktseite dieses Titels unter „Datenservice":

★ **Faltplan als PDF mit Geodaten:** Nach dem Speichern auch mobil nutzbar auf allen Geräten mit PDF-Reader. Für Smartphones/Tablets empfiehlt sich die App „PDF Maps" von Avenza™ mit einer breiten Funktionspalette.

★ **GPS-Daten aller Ortsmarken:** einfacher Import in GPS-Geräte, Navis und Geosoftware auf PCs und mobilen Geräten.

## Apps zu Lübeck

Eine Auswahl an **empfehlenswerten Lübeck-Apps** finden Sie auf S. 115.

## Zeichenerklärung

| | |
|---|---|
| ✚ | Arzt, Apotheke, Krankenhaus |
| | Bar, Bistro, Klub, Treffpunkt |
| | Biergarten, Kneipe, Pub |
| | Café |
| ⚠ | Camping, Zeltplatz |
| | Denkmal |
| | Fischrestaurant |
| | Galerie |
| | Geschäft, Kaufhaus, Markt |
| | Hotel, Unterkunft, Apartments |
| | Imbiss |
| ℹ | Informationsstelle |
| @ | Internetcafé |
| | Jugendherberge, Hostel |
| | Kino |
| ⇨ | Kirche |
| | Museum |
| | Musikszene, Disco |
| P | Parkplatz |
| | Pension, Bed and Breakfast |
| ⚙ | Polizei |
| ✉ | Postamt |
| | Restaurant |
| S | Sport-/Spieleinrichtung |
| • | Sonstiges |
| ✡ | Synagoge |
| | Theater |
| | vegetarisches Restaurant |
| | Weinlokal |
| ── | Stadtspaziergang (s. S. 8) |
| | Shoppingareale |
| | Gastro- und Nightlife-Areale |